Gerd Frank

TOTMACHER

5

Gerd Frank

TOTMACHER 5

Das Massaker am Cielo Drive
und andere unheimliche Kriminalfälle
US-amerikanischer Serienmörder

(1894–1998)

Mit einem Vorwort von Michael Kirchschlager

Erstausgabe im Jubiläumsjahr 2015

Bereits erschienen:

Totmacher 1 – Der Vampir von Nürnberg und andere unheimliche Kriminalfälle deutscher Serienmörder (1945–1977), Arnstadt 2014

Totmacher 2 – Massenmord ohne Leichen und andere unheimliche Kriminalfälle europäischer Serienmörder (1910–1987), Arnstadt 2014

Totmacher 3 – Kolja der Menschenfresser und andere unheimliche Kriminalfälle russischer Serienmörder (1921–2012), Arnstadt 2015

Totmacher 4 – Die Kobra von Henan und andere unheimliche Kriminalfälle asiatischer Serienmörder (1906–2012), Arnstadt 2015

INHALTSVERZEICHNIS

ZUM AUTOR

Gerd Frank, 1944 in Regensburg geboren, in Landshut und München aufgewachsen, war zunächst als Beamter im Gehobenen Nichttechnischen Verwaltungsdienst tätig, bis er Germanistik, Geschichte und Romanistik in München studierte. Heute ist er pensionierter Oberstudienrat, in zweiter Ehe verheiratet und hat sechs Kinder.

Seit Jahren schon beschäftigt er sich intensiv mit Literatur und Geschichte Mittel- und Südamerikas, des Vorderen Orients sowie des Fernen Ostens. Von ihm wurden bisher zahlreiche Kurzgeschichten und Bücher veröffentlicht, darunter auch die Übersetzungen historischer Kriminalromane des erfolgreichen französischen Schriftstellers Frédéric Lenormand. Im Verlag Kirchschlager erschienen 2014 *Totmacher 1 – Der Vampir von Nürnberg und andere unheimliche Kriminalfälle deutscher Serienmörder; Totmacher 2 – Massenmord ohne Leichen und andere unheimliche Kriminalfälle europäischer Serienmörder* sowie 2015 *Totmacher 3 – Kolja der Menschenfresser und andere unheimliche Mordfälle russischer Serienmörder* und *Totmacher 4 – Die Kobra von Henan und andere unheimliche Mordfälle asiatischer Serienmörder.*

VORWORT

Mit *Totmacher 5* legt Gerd Frank einen weiteren Band in der *Totmacher*-Reihe vor – dieses Mal gilt sein Augenmerk US-amerikanischen Serienmördern. Genau wie in den Vorgängerbänden, hat er wieder die spannendsten, interessantesten, aber auch schrecklichsten Kriminalfälle ausgewählt und aufbereitet. Neben bekannten Serienmördern wie Albert Fish, der kleine Mädchen schändete und zerstückelte, dem irren Charles Manson oder dem kannibalistisch veranlagten Jeffrey Dahmer stellt Gerd Frank auch mehr oder minder unbekannte Täter vor. So findet z. B. die berühmt-berüchtigte Filmtrilogie *Hostel* ein makabres historisches Vorbild im Hotel von Hermann Webster Mudgett. Der Fall des Todesengels von Alabama, Joseph Dewey Akin, kann als Gegenstück zu den Serienmorden des deutschen Krankenpflegers Niels H. angesehen werden, dessen Fall gerade juristisch geprüft wird.

Gerd Frank verfolgt die Lebenswege der Täter bis zu deren Kindheit zurück, beleuchtet immer wieder familiäre und soziale Hintergründe und hinterfragt diese als Keime einer späteren verbrecherischen Entwicklung. In sachlichem Ton, aber mit aller Deutlichkeit zeigt er auf, daß nicht wenige Mörder im Kindesalter selbst Opfer unterschiedlichster Gewalt wurden. Doch eine schwere Kindheit legitimiert kriminelles Verhalten als mündiger Erwachsener noch lange nicht; sie stellt lediglich eine von vielen prägenden Faktoren dar. In diesem Zusammenhang geht der Frauenmörder Ted Bundy hart mit der Gesellschaft ins

Gericht – mit einer Gesellschaft, die sich üßermäßig freiheitlich gibt und dem einzelnen damit die Wertorientierung nimmt, statt sie ihm zu geben: *»So gewissenhaft meine Eltern auch waren – und sie waren gewissenhaft darin, ihre Kinder zu schützen – und so ein gutes christliches Zuhause wir auch hatten, es gibt keinen richtigen Schutz gegen die Einflüsse, die in einer Gesellschaft freigesetzt werden, die alles toleriert.«*

Wenden wir uns den Opfern der abartig veranlagten Täter zu. Sie gehören zumeist den untersten, schwächsten Schichten der Gesellschaft an, zählen zu den Ausgestoßenen, den Gefallenen, denen, die man verachtet, denen wenig Menschlichkeit gilt; es sind Prostituierte, Drogenabhängige, Landstreicher. Trifft es diese nicht, trifft es oftmals auch einfach nur wehrlose Kinder und Jugendliche. Besonders alarmierend sind die Zahlen ermordeter Frauen, die auf das Konto perverser Lustmörder gehen.

Merkwürdig dürfte die US-amerikanische Justiz und deren Rechtsprechung auf die deutsche Leserschaft wirken, wenn wir erfahren, daß der Green River Killer Gary Ridgway für 48 Morde zu 48mal »lebenslänglicher Haft« verurteilt wird. Dennoch hält sich das Mitleid gegenüber den Tätern in Grenzen; man ertappt sich vielleicht sogar dabei, mit einem Anflug von Genugtuung zu lesen, daß Pogo der Killer-Clown am 10. Mai 1994 mittels Giftspritze und Ted Bundy am 24. Januar 1989 auf dem elektrischen Stuhl hingerichtet wurden. Tatsächlich scheinen Verbrechen und Rechtsprechung im Land der unbegrenzten Möglichkeiten unbegrenzt ...

Michael Kirchschlager,
Verleger und Historiker,
August 2015

DAS HOTEL DES GRAUENS

Der Fall Herman Webster Mudgett alias Henry Howard Holmes (1886–1894)

Mudgett mußte weit mehr als einhundert Menschen umgebracht haben.

Herman Webster Mudgett wurde am 24. November 1860 in Gilmanton im US-Bundesstaat New Hampshire geboren. Sein Vater, Levi Horton Mudgett, war streng, aber gerecht und arbeitete als Postangestellter. Die Eltern führten eine gute Ehe und die Familie war recht angesehen. Mudgett erlebte eine sorgenfreie Kindheit, seine schulischen Leistungen waren hervorragend, denn er war intelligent. Deshalb wurde er auch auf eine höhere Schule in Vermont geschickt. Anschließend arbeitete er eine Zeitlang als Lehrer.

1878 heiratete Mudgett seine erste Frau Clara Lovering, von der er sich jedoch schon bald wieder trennte. Er ging nach Michigan und studierte an der dortigen Ann Arbor-Universität Medizin. Den Doktortitel erwarb er nur mit großer Mühe. Nach dem Studium ließ er sich als frei praktizierender Arzt in New York nieder. Schon damals machte sich seine beachtliche kriminelle Energie bemerkbar: Mudgett schloß Lebensversicherungen auf erfundene Namen ab, stahl die Leichen kürzlich Verstorbener aus Krankenhäusern und gab diese in der Folge als die versicherten Personen aus. Anschließend kassierte er die Versicherungssummen.

Der Schwindel flog relativ schnell auf, und so mußte er aus New York fliehen. Mudgett änderte seinen Namen in Henry Howard Holmes ab und tauchte unter diesem neuen Namen 1886 in Chicago wieder auf, wo er eine Arbeitsstelle in der Apotheke einer gewissen Frau Holden fand. Der Arzt heiratete Myrta Z. Belknap, ohne von der ersten Frau offiziell geschieden worden zu sein (das bedeutete Bigamie). Myrta und er bekamen eine Tochter, Lucy. Aber auch diese Ehe hielt nicht lange.

Mit Frau Holden, die ihn aufgrund seines großen medizinischen Wissens bewunderte und ihn deshalb auch zu ihrem Teilhaber ernannte, freundete er sich immer mehr an. Allerdings verschwand Frau Holden eines Tages spurlos. Mudgett behauptete, sie sei nach Kalifornien gereist und habe ihn zum Alleininhaber der Apotheke bestimmt. In der Folgezeit gelang es ihm, ein beachtliches Vermögen zu erwerben, womit er sich zu Beginn der 1890er Jahre ein dreistöckiges Hotel bauen ließ. Doch dieses Gebäude war kein »normales« Hotel, sondern wahrlich ein Haus des Horrors. Es gab darin Falltüren, versteckte Räume und Geheimgänge. Im Keller befanden sich ein spezieller

Seltene Aufnahme von Holmes' Hotel (»Mordschloß« in Englewood).

Foltertisch, ein Säurebad sowie eine Gaskammer. Während der Bauzeit hatte er immer wieder die Firmen und die Arbeiter gewechselt, um zu verhindern, daß einzelne Personen eventuell Verdacht schöpften.

Mudgetts »Wirkungsbereich« und die Räume, in denen die Verbrechen geschahen, erstreckten sich über den ersten Stock. Im Stockwerk darüber befanden sich die eigentlichen Hotelzimmer. Die Rezeption und ein Warteraum lagen im Erdgeschoß. Der Keller war der »Entsorgung« vorbehalten. Die Bezeichnungen der einzelnen Räume in der nachstehend abgebildeten Skizze vermitteln einen Eindruck von den grauenhaften Ideen, die hinter der Gesamtkonzeption dieses »Hotels« gestanden hatten:

Receptions Room (Rezeption); Waiting Room (Warteraum); Secret Chamber (Geheime Kammer, die zur Beobachtung diente); Dark Room (Dunkles Zimmer); Hallway (Flur); Five Door Room (Zimmer mit fünf Türen);

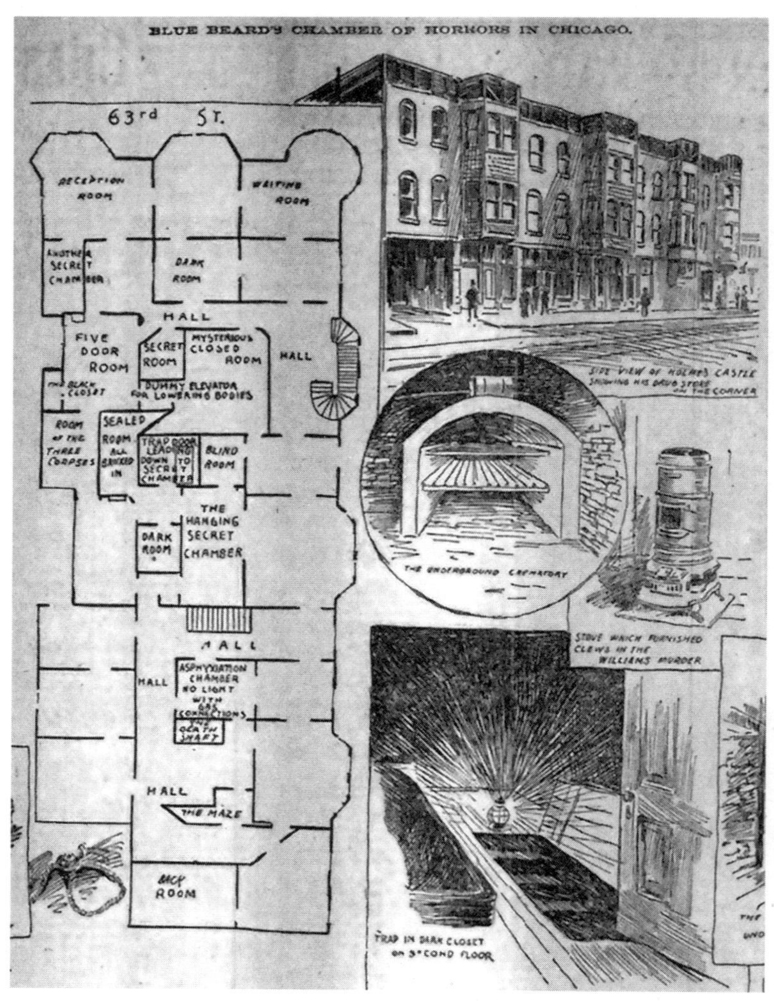

Raumverteilungsplan im Haus des Schreckens.

Bathroom (Badezimmer); Mysterious Room (Geheimnisvolles Zimmer: Zweck unbekannt); Secret Hiding Place und Blind Room (Versteckte Zimmer); Chute from Roof to Basement (Rutsche in den Keller: Hier wurden die bewußtlosen Gäste in den Keller befördert.); Sealed Room (Verschlossener Raum); Bathroom with hidden Stairs to Basement (Badezimmer mit versteckter Treppe in den Keller); Trap Door from 2nd Floor (Falltür aus dem zweiten Stock); Hanging Secret Room (Hängendes geheimes Zimmer); Asphyxiation Room (Erstickungskammer: Hier wurden die Opfer vergast.); The Maze (Säurebad); Laboratories (Laboratorien: Hier wurden Experimente durchgeführt.) und Back Room (Hinterzimmer).

Als 1893 in Chicago die Weltausstellung eröffnet wurde, war auch sein »Hotel« fertig geworden, das von Anfang an rege besucht wurde. Kein Mensch konnte ahnen, daß nur die wenigsten der Besucher das Gebäude wieder lebend verließen ...

Mudgett hatte in der Zwischenzeit wieder seine alte Masche aufgegriffen: Er betrog Versicherungen auf die gleiche Weise, wie er es schon zuvor in New York getan hatte. Der einzige Unterschied bestand darin, daß er nunmehr die Leichen nicht mehr aus Krankenhäusern stahl, sondern selbst »besorgte«. Neben diesen Untaten schloß er immer wieder Bekanntschaften mit Frauen, denen er bereitwillig die Ehe versprach. Er lockte sie in sein Haus, »vergnügte« sich mit ihnen und beseitigte sie anschließend.

Da immer mehr Menschen aus Mudgetts unmittelbarer Umgebung verschwanden und überdies zahlreiche Gäste seines »Hotels« nie wieder nach Hause zurückkehrten, regte sich Mißtrauen unter den Leuten, weshalb sie sich hilfesuchend an die Polizei wandten. Die vermutete zunächst bloßen Versicherungsbetrug und stellte umfangreiche

Nachforschungen an. Von diesem Zeitpunkt an wurde Mudgett intensiv observiert.

Schließlich sah er keinen anderen Ausweg mehr, als sein Hotel niederzubrennen, was er 1895 auch tat. Danach verschwand er wieder einmal, diesmal nach Indiana. In den Ruinen des Gebäudes fanden die Ermittler zahlreiche Überreste von Menschen. Mudgett mußte weit mehr als einhundert Menschen umgebracht haben.

Nachdem Mudgett im Rahmen eines erneuten Versicherungsbetruges einen seiner Partner, Benjamin Pietzel, und drei von dessen Kindern ermordete, kam ihm endlich die Polizei auf die Spur. Am 17. November 1895 drang sie in sein Haus, untersuchte seine Kellerräume und nahm ihn fest. In langen Verhören gab er schließlich den Dreifachmord sowie weitere 24 Tötungsdelikte in Chicago zu. Dabei gestand er detailliert, wie er vorgegangen war. In der Regel hatte er die Frauen in sein Hotel gelockt. Die Verlockung bestand dabei in seinem Geld, seinem Ansehen und sicher auch in seinem Charme, so daß die Damen letztlich gern mit ihm gingen. Sie ließen sich in ihrem jeweiligen Appartement auf Sexspiele mit ihm ein, unterschrieben auf seinen Wunsch entsprechende Versicherungspolicen und wurden anschließend von ihrem »Gönner« über die Falltür in die Gaskammer im Keller befördert, wo sie qualvoll umkamen.

Das Hotel verfügte über zahlreiche Geheimgänge und versteckte Räume mit Beobachtungslöchern, so daß der Arzt seine Gäste ungehindert beobachten und jederzeit auch die Zimmer betreten konnte. Wenn ihm danach war, überwältigte er sie und verschleppte sie in die geheimen Kellerräume. Dort gab es unter anderem eine Folterbank, auf der er manche Opfer lebendig malträtierte und tötete. An einigen Leichen führte er Versuche durch, zerstückelte sie und zog ihnen die Haut ab. Die Leichen legte er

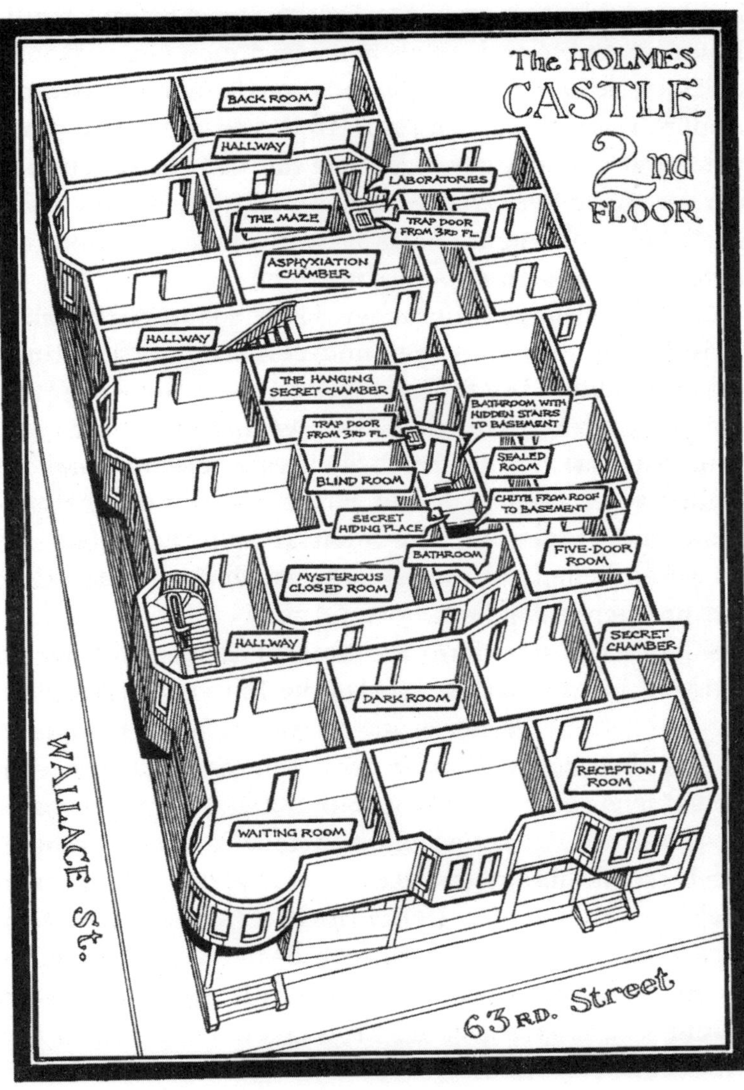

Raumverteilung des zweiten Stockwerkes.

in Säurebäder, bis sich das Fleisch vom Skelett schälte. Dann schraubte er die Knochen zusammen und verkaufte die Skelette an Universitäten oder medizinische Institute. Andere Leichen wurden im Heizofen oder in Kalkgruben »entsorgt«. Mudgett bemächtigte sich des Vermögens und der sonstigen Besitztümer seiner Opfer; die hierfür erforderlichen Dokumente hatte er rechtzeitig ausfüllen und unterschreiben lassen.

Viele Überlegungen sprachen dafür, daß in Wirklichkeit zwischen hundert und zweihundert Morde auf sein Konto gehen mochten. Der Prozeß begann am 30. November und wurde von der Öffentlichkeit von Anfang an mit sehr großem Interesse verfolgt. Auch die Presse berichtete nahezu täglich von diesem Fall und zählte die vermißten Hotelgäste und Frauen auf. Die Staatsanwaltschaft hielt sich im wesentlichen an die Geständnisse Mudgetts und erhob entsprechende Anklage.

Selbst in dieser Phase machte sich Mudgetts enorme Geldgier bemerkbar. Er verkaufte seine »Lebensbeichte« an eine Zeitung, in der er die 27 gestandenen Morde detailliert beschrieb. Hierfür erhielt er 7.500 Dollar, eine beachtliche Summe für die damalige Zeit. Kurze Zeit später bestritt er die Morde wieder und beteuerte seine Unschuld. Doch es half ihm nichts. Das Gericht verurteilte Herman Webster Mudgett alias Henry Howard Holmes *»zum Tode durch den Strang«*. Am Morgen des 7. Mai 1896 wurde er im Philadelphia Country-Gefängnis gehenkt. Andere Quellen behaupten, er sei im Moyamensing-Gefängnis hingerichtet worden.

DER BLAUBART VON ILLINOIS

Der Fall Johann Otto Hoch (1890–1905)

*»Ich bin fertig mit dieser Welt.
Ich bin fertig mit jedem.«*

Zwischen den Jahren 1890 und 1905 ermordete der deutschstämmige Johann Otto Hoch in den USA mindestens 15 seiner zahlreichen Ehefrauen, indem er sie mit Arsen vergiftete. Wie viele Morde er indes tatsächlich begangen hat, ist genauso ungeklärt wie die exakte Anzahl seiner Ehen. Man geht davon aus, daß es zwischen 24 und 50 gewesen sein dürften.

Der später von der Presse als *»Blaubartmörder«* bezeichnete Frauenmörder war 1862 als Johann Schmidt im rheinischen Horrweiler geboren worden. Er wanderte bereits als junger Mann in die Vereinigten Staaten aus, wo er als routinierter Heiratsschwindler von Küste zu Küste reiste.

Auf seiner permanenten Suche nach heiratswilligen, reichen Witwen gab er zahlreiche Heiratsanzeigen in Zeitungen auf. Hatte ihm eine Frau das Jawort gegeben, so vergiftete er sie und machte sich mit ihren Ersparnissen aus dem Staub.

Daß er unverhältnismäßig lange auf freiem Fuß lebte, lag vor allem daran, daß er nach den Morden die Namen seiner Ehefrauen angenommen hatte. Als sein Bild eines Tages in einer Zeitung abgedruckt wurde, glaubte ihn ein Reverend aus Wheeling im Staate West Virginia zu erkennen. Dort hatte er seit drei Jahren als tot gegolten. Jener Mann, ein gewisser Jacob Huff, hatte sich damals angeblich im Ohio River ertränkt. Außer einem Abschiedsbrief hatten sich jedoch keinerlei Hinweise auf einen Selbstmord ergeben; die Leiche war zudem nie gefunden worden. Der Witwer hatte kurz vorher das Haus seiner ebenfalls unter mysteriösen Umständen ums Leben gekommenen Frau verkauft und sich deren Lebensversicherung auszahlen lassen. Als man nun Nachforschungen anstellte, fiel auf Hoch der Verdacht, ein Mörder zu sein ...

Die Beweise reichten aber noch nicht aus, um Anklage wegen Mordes erheben zu können. Wegen des nachgewiesenen Versicherungsbetruges wurde Hoch jedoch zu einem Jahr Haft verurteilt, die er im Cook County-Gefängnis absaß. Sofort nach seiner Entlassung setzte er seine blutige Brautschau fort. So heiratete er im Dezember 1904 in Chicago Marie Walcker; bereits wenige Wochen später war sie tot.

Daraufhin machte er seiner Schwägerin Amelia einen Antrag und heiratete auch sie. Diesmal begnügte er sich damit, die Frau um einen ansehnlichen Geldbetrag zu erleichtern. Weil die Betrogene nun mißtrauisch wurde, wandte sie sich an die Polizei und erwirkte, daß eine Exhumierung von Marie Walcker eingeleitet wurde.

Hoch hatte sich bei seinen Morden auf relativ einfache Einbalsamierungsflüssigkeiten mit einem hohen Arsenanteil verlassen. In dieser Hinsicht trug die moderne Gerichtsmedizin zu seinem Untergang bei: Der Leichenbestatter der letzten Ehefrau hatte nämlich eine neue Einbalsamierungsflüssigkeit ohne Arsen verwendet, und so fanden die Forensiker problemlos das Gift in Marie Walckers Organen.

Schon kurz danach erschienen Bilder des lang gesuchten Gattenmörders in den größeren Tageszeitungen. Nun meldete sich Catherine Kimmerle, eine Pensionsbesitzerin aus New York, bei der Polizei und gab an, daß der Gesuchte als »Heinrich Bartels« bei ihr zur Untermiete wohne und auch ihr schon kurz nach dem Kennenlernen einen Heiratsantrag gemacht habe.

Im Zimmer des Johann Hoch fanden die Polizisten zahlreiche Eheringe, aus denen die jeweiligen Gravuren herausgeschabt worden waren, außerdem 58 Gramm Arsen in einem Füllfederhalter. Hoch behauptete, das Gift sei für seinen Selbstmord bestimmt gewesen.

Im Jahr 1905 wurde Hoch verhaftet und nach Chicago überstellt, wo er wegen des Mordes an Marie Walcker angeklagt wurde. Während des Strafprozesses pfiff und summte er unentwegt vor sich hin, drehte Daumen und schien seine Rolle im Rampenlicht des öffentlichen Interesses geradezu zu genießen. Immer wieder beteuerte er seine Unschuld und behauptete, zum Opfer einer gegen ihn gerichteten Verschwörung geworden zu sein.

Nach letztem Ermittlungsstand konnten folgende Eheschließungen nachvollzogen werden (die Liste ist allerdings unvollständig): Annie Hock, 1881 in Österreich; Lena Schmitz, 1893 in Milwaukee; Janet Spencer, 1895 in Chicago; Maria Steinbucher, 1895 in Chicago; Mary Rankin, 1895 in Chicago; Caroline Miller-Hoch, 1896 in Wheeling (West Virginia); Maria Hartzfield, 1896 in Chicago; Barbara Brossett, 1896 in San Francisco; Clara Bartel, 1896 in Cincinnati; Nanni Klenke-Schultz, 1896 in Baltimore; Julia Dosis, 1897 in

Hamilton (Ohio); Winnie Westphal, 1897 in Jersey-City; Frau Schwartz-Marue, 1899 in Milwaukee; Mary Schultz, 1900 in Argos (Indiana); Anna Cheffries (Scheffries) und kurze Zeit später Amelia Hohn, 1900 in Chicago; Frau Loughken-Hoch, 1901 in San Francisco; Anna Goehrke, 1901 in St. Louis; Mary Becker, 1902 in St. Louis; Hulda Nagel, 1902 in Dayton (Ohio); Annie Dodd und kurz darauf Regina Miller, 1903 in Dayton (Ohio); Frau T. O'Connor, 1903 in Milwaukee; Anna Hendrickson, 1904 in Chicago; Lena Hoch, 1904 in Milwaukee; Bertha Dolder, 1904 in Chicago; Caroline Streicher, 1904 in Philadelphia; Marie Walcker, 1904 in Chicago; Amelia Fischer (Schwester der Marie Walcker), 1905.

Neben diesen betrogenen 29 Damen soll es außerdem folgende Ehefrauen gegeben haben (nähere Angaben sind nicht bekannt): Frau Hicks, Emma Rencke, Frau Palinka, Frau Fink, Natalie Irgang, Hulda Stevens, Frau Schwatzman und Justina Loeffler. Nachstehend einige der Falschnamen, unter denen der »Blaubart« seine Ehen schloß: Meyer, Irick, Dr. James, Calford, Jacob Huff, Jacob Erdorf, Henry Bartel, Henry F. Hartman, William Frederick Bessing, Martin Dotz, Martin Dose, Albert Buschberg, John Healy, Carl Schmidt, Graf Otto von Kern, Dr. G. Hart, John Jacob Adolf Schmidt, Leo Prager, Joseph Hoch, Harry Bartels, Heinrich Bartel und Fred Doess.

Die Beweise gegen Hoch waren letztendlich erdrückend, und so erfolgte im Mai 1905 der Schuldspruch. Johann Hoch, der doch eigentlich Schmidt hieß, wurde zum Tode verurteilt und am 23. Februar 1906 hingerichtet. Als ihm der Henker die Schlinge um den Hals legte, klagte der Mörder verbittert: *»Ich bin fertig mit dieser Welt. Ich bin fertig mit jedem.«*

Die Gesamtopferzahl Hochs wird wahrscheinlich für immer ein Geheimnis bleiben. Noch im Jahr 1935 wurden Knochen aus der Mauer eines Hauses ausgegraben, in dem der Mörder einst gewohnt hatte.

BESTIEN IN MENSCHENGESTALT

Albert Fish
(1924–1934)

»Ich hab sie dann mit dem Werkzeug aus meinem Kasten, den ich immer dabei habe, geköpft und zersägt.«

Ein kleines Mädchen saß am Abteilfenster eines Vorortzuges und schaute interessiert auf die vorbeiziehende Landschaft. Dann wandte es sich plötzlich an den alten Mann an seiner Seite.

»Sind dort viele Kinder, wo wir hinfahren?« fragte es gespannt. *»Wird das eine große Geburtstagsfeier?«*

Das faltige Gesicht des Mannes mit dem eisgrauen Oberlippenbart verzog sich zu einem freundlichen Lächeln und mit einer beinahe zärtlich anmutenden Geste strich er über den kleinen blonden Kopf.

»Ja, sicher, ganz viele Kinder kommen«, sagte er. Als das ungleiche Paar in White Plains, einer kleinen Station bei New York, aus dem Zug stieg, stürzte das Mädchen noch einmal ins Abteil zurück: *»Onkel Frank hat etwas vergessen«,* rief es eifrig, zog eine Holzkiste unter der Sitzbank hervor und sprang vom Zug, als die Lokomotive wieder anfuhr.

Auf dem Bahnsteig gab »Onkel Frank« dem Mädchen einen Kuß auf die Wange. *»Danke, meine Kleine«,* sagte er. *»Den hatte ich ganz vergessen. Eine Katastrophe, wenn der ohne mich weitergefahren wäre.«*

Die beiden gingen Hand in Hand durch den Ort, über einen kleinen Hügel auf den Wald zu. Dort stand ein einsames Holzhaus. *»Wir sind da«,* sagte der alte Mann. *»Spiel ruhig noch ein bißchen draußen.«* Die anderen werden gleich kommen. Das Mädchen lief neugierig um das Häuschen herum, während der Alte drinnen verschwand. Nach einer Weile rief er: *»Komm doch mal rein, Grace!«*

Das Mädchen schrie verstört auf, als es den alten Mann sah: Splitternackt stand er neben der aufgeklappten Holzkiste, in der ein kleines Schlachterbeil, ein langes Schlachtermesser und eine Handsäge zu sehen waren.

»Ich sag's Mama«, konnte das Kind noch rufen, dann war es aus.

Der schreckliche alte Mann packte das Mädchen, würgte es bis zur Bewußtlosigkeit und verging sich dann an ihm.

Sechs Jahre später saß dieser Mann – noch älter, noch gebrechlicher – vor den Ermittlern der New Yorker Mordkommission und schilderte in allen Einzelheiten, was weiter geschehen war. Man spürte dabei förmlich, daß ihm das Ganze perversen Genuß bereitete. *»Ich hab sie dann mit dem Werkzeug aus meinem Kasten, den ich immer dabei habe, geköpft und zersägt. Das meiste habe ich im Wald hinter dem Haus vergraben, das andere habe ich eingewickelt und mit nach*

New York genommen. Ich habe es gekocht und war danach enttäuscht, denn es war nicht so gut, wie ich gehofft hatte.«

Damals, am 3. Juli 1928, als die zwölfjährige Grace Budd aus New York auf grauenvolle Weise sterben mußte, war dies alles noch unbekannt. Die Budds gingen an jenem Abend zur Polizei und berichteten, daß ihre Tochter mit einem flüchtigen Bekannten namens Frank Howard zu einer Kinderparty aufs Land gefahren und noch immer nicht zurückgekehrt sei. Nachforschungen ergaben, daß es unter der angegebenen Adresse keinen Frank Howard gab. Der Mann hatte sich also unter falschem Namen das Vertrauen der Familie Budd erschlichen. Suchaktionen, die Wochen dauerten, blieben erfolglos. Der Mann, nach dem gesucht wurde, lebte weiterhin unerkannt in New York – nur ein paar Straßen vom Haus des Ehepaars Budd entfernt. Die Nachbarn kannten ihn unter dem Namen Albert Fish. Er war ein alter Sonderling, und alle hatten Mitleid mit ihm. Vor elf Jahren hatte ihn seine Frau mit vier kleinen Kindern sitzenlassen. Ganz allein zog er seine Kinder groß.

Holzhaus, in dem Grace Budd ermordet wurde.

Links: Albert Fish, Fahndungsfoto.
Rechts: Albert Fish (vorn rechts) vor Gericht.

Albert Fish war jetzt 62 Jahre alt, hatte nie etwas Richtiges gelernt und deshalb auch nie wirklich gearbeitet. Von dem kleinen Vermögen, das er von seinen Eltern geerbt hatte, lebte er scheinbar einfach in den Tag hinein. Was aber niemand wußte: Albert Fish war pervers. Sexuelle Lust empfand er nur, wenn er kleine Kinder quälen, töten und zerstückeln konnte.

Der Mord an Grace Budd war sein zweiundzwanzigster – soweit er sich noch erinnern konnte. Manchmal sprach er auch von 31 Mordfällen. Seit ihn seine Frau verlassen hatte, streifte er oft stundenlang durch die Stadt und die Umgebung und suchte sich kleine Kinder. Sein Vorgehen war immer dasselbe: Er mißbrauchte, köpfte und zerschnitt sie. Manchmal fertigte er aus den Leichenteilen Päckchen, die er irgendwo auf Parkbänken, in Abfallkörben oder an Bushaltestellen liegen ließ. Manchmal vergrub er auch die zerstückelten Körper.

Fand Albert Fish kein Opfer, quälte er sich selbst. Er stach sich glühend heiße Nadeln in den Körper, schlug sich mit Feuerhaken und geriet dabei jedesmal in einen sexuellen Rauschzustand, ohne den er nicht mehr leben konnte.

Es gab Tage, da schloß er sich in seiner Wohnung ein (er lebte zu diesem Zeitpunkt bereits allein) und stach sich bis zu 200 Nadeln in den Körper. Danach sah er aus wie ein lebendiges Nadelkissen. So lief er stundenlang herum, und jedesmal, wenn er sich sexuell erregen wollte, schlug er mit der flachen Hand leicht auf die Nadelköpfe. Viele Nadeln brachen dann ab und blieben für immer stecken.

Bis heute ist die Frage, warum sich Albert Fish schließlich selbst der Polizei auslieferte, unbeantwortet. Im Sommer 1934, sechs Jahre nach dem Mord an Grace, erhielten die Eltern des Mädchens einen Brief. Darin beschrieb ein gewisser Robert Hayden den grausigen Mord in allen Einzelheiten und bezeichnete sich selbst als Täter.

Als sich die Polizei mit dem Schriftstück befaßte, erlangte der Fall Grace Budd wieder Aktualität. Diesmal ließ die Polizei nach Zeugenaussagen eine Zeichnung von »Onkel Frank Howard« anfertigen und veröffentlichen. Das hätte sie längst tun sollen, denn der Aktion war ein voller Erfolg beschieden. Der Mann sah Albert Fish zum Verwechseln ähnlich. Seine Nachbarn erkannten ihn sofort.

Zwei Monate später saß der alte Mann im Gefängnis, er gestand sofort und erzählte weitschweifig auch von allen anderen Morden. In seiner Erinnerung brachte der inzwischen 68jährige jedoch allerhand Details durcheinander, weshalb auch nie genau geklärt werden konnte, wie viele Kinder er nun wirklich umgebracht hatte. Albert Fish wurde 1935 zum Tod auf dem elektrischen Stuhl verurteilt. Seine Verteidiger hatten vergebens auf *»unzurechnungsfähig«* plädiert. Am 16. Januar 1935 wurde der inzwischen fast 70jährige auf den elektrischen Stuhl geschnallt. Dem Gefängnisgeistlichen vertraute er an, daß er sich darüber freue: *»Es ist die einzige Folter, die ich noch nicht an meinem Körper ausprobiert habe.«*

Albert Fish starb so schrecklich, wie er gelebt hatte: Beim ersten Stromstroß erlitt er nur starke Verbrennungen, blieb aber am Leben. Ein Kurzschluß am elektrischen Stuhl hatte die Stromzufuhr unterbrochen. Schreiend vor Schmerzen, starb Fish eine Stunde später. Der elektrische Stuhl hatte nach einem zweiten Stromstoß doch noch funktioniert. Experten erklärten später, daß der Kurzschluß vermutlich durch die vielen abgebrochenen Nadeln im Körper des Delinquenten ausgelöst worden sei.

Albert De Salvo (1962–1964)

Die grauenhafte Mordserie von Boston begann am 14. Juni 1962 mit dem Mord an der 55jährigen Anna Slesers und endete mit dem Mord an der 19jährigen Mary Sullivan. Dreizehnmal schlug der mysteriöse »Würger« zu, bis er endlich gefaßt werden konnte. Alle Opfer wurden – tot und ohne Kampfspuren – in ihren Wohnungen aufgefunden, was darauf schließen ließ, daß sie ihrem Mörder Einlaß gewährt hatten. Auffallend war, daß alle mit einem Wäschestück erwürgt worden waren und in obszönen Stellungen lagen. Die Bänder wiesen symmetrische Formen auf, meist waren es quadratische Knoten. Zu seinen Opfern zählten (mit Angabe des Alters): Anna Slesers, 55 (14. Juni 1962); Mary Mullen, 85 (28. Juni 1962); Helen Blake, 65 (30. Juni 1962); Nina Nichols, 68 (30. Juni 1962); Ida Irga, 75 (19. August 1962); Jane Sullivan, 67 (20. August 1962); Sophie Clark, 20 (5. Dezember 1962); Patricia Bissette, 23 (30. Dezember 1962); Mary Brown, 69 (9. März 1963); Beverly Samans, 23 (6. März 1963); Evelyn Corbin, 58 (8. September 1963); Joann Graff, 23 (23. November 1963) und Mary Sullivan, 19 (4. Januar 1964).

Die Verbrechen des »Würgers von Boston« wurden zunächst als Morde ohne Motiv angesehen. Als man den mutmaßlichen Mörder Albert De Salvo schließlich im Jahre 1964 festnehmen konnte, fragte man sich zweifelnd, ob es der richtige Täter war. Der 30jährige De Salvo, ein ehemaliger Militärpolizist und Ex-Box-Champion der amerikanischen Armee in Deutschland, wurde wegen bewaffneten Raubüberfalls, Tötung und Vergewaltigung von vier Frauen verurteilt.

Die Beteiligung an den 13 Morden, die der »Würger von Boston« begangen hatte, konnte ihm – obwohl er selbst sich dieser Taten bezichtigt hatte – nicht nachgewiesen werden. Die Richter waren der Ansicht, daß er sein Geständnis lediglich zu dem Zweck abgelegt habe, aus dem Gefängnis herauszukommen und in eine psychiatrische Klinik verlegt zu werden. Denkbar war auch, daß er seine baldige »Berühmtheit« nutzen wollte, um von der Veröffentlichung seiner »Erinnerungen« zu profitieren. Doch es mutete recht merkwürdig an, daß De Salvo hierbei Einzelheiten preisgab, die bis dahin weder in der Zeitung veröffentlicht worden

Links: Albert de Salvo und seine Tochter.
Rechts: Der Würger von Boston wird zum Gericht von Cambridge eskortiert.

noch der Polizei selbst bekannt gewesen waren. Wie hatte er davon wissen können?

Die genaue Würdigung des Falles ergab, daß an der Ergreifung des Täters insgesamt 4.000 Personen mitgewirkt hatten. Dabei konnte es natürlich undichte Stellen gegeben haben, durch die bis dahin verschwiegene Details an die Öffentlichkeit gelangen konnten. Außerdem gab es vier Verdächtige, denen die polizeilichen Maßnahmen recht gut bekannt waren – erschwerte Bedingungen für die Ermittler. Noch schwieriger wurde es, als täglich Hunderte von Briefen und Telefonanrufen bei der Polizei eingingen, in denen sich die Schreiber oder Anrufer der Morde bezichtigten, ausnahmslos alle jedoch Falschaussagen machten. Beim FBI war man überlastet, man setzte Lügendetektoren und alle möglichen Elektronengehirne ein, um die Arbeit auch nur einigermaßen zu bewältigen.

Die Zeit verging, doch nach wie vor konnte kein Licht ins Dunkel gebracht werden. Als man sich schon mit dem

De Salvo wird dem Gericht überstellt.

Mysterium abfinden wollte, geriet der Fall plötzlich wieder in die Schlagzeilen. Am 26. November 1973 wurde Albert De Salvo, der mutmaßliche »Würger von Boston«, von Mithäftlingen im Gefängnis von Walpole, Massachusetts, wo er seine Strafe verbüßen sollte, durch einen Messerstich ins Herz getötet. Die Umstände seiner Ermordung in einer mehrfach gesicherten Abteilung des Gefängnisses konnten nicht geklärt werden. Mit seinem Tod wurde die Akte geschlossen. Letzte Gewißheit über seine Täterschaft glaubte man nie mehr zu erhalten.

Doch man sollte sich getäuscht haben. Im Juli 2013 wurde bei einer weiteren Analyse eine »Familien-Übereinstimmung« zwischen der DNA im Zusammenhang mit dem Mord an Mary Sullivan und der eines Neffen von De Salvo festgestellt. Daraufhin wurde die Leiche des »Würgers« exhumiert. Ein Gentest bestätigte die Identität des genetischen Profils De Salvos mit dem der Samenspuren aus den Asservaten der Ermordeten.

Richard Speck
(1966)

»Born to raise hell«

In der Kriminalgeschichte der Vereinigten Staaten von Amerika nimmt das Jahr 1966 einen besonders unrühmlichen Platz ein. Eines von zahlreichen schrecklichen Verbrechen stellte alles bisher Dagewesene in den Schatten. Am 14. Juli jenes Jahres wurde in South Deering, einem Vorort von Chicago, der Mord an acht Krankenschwestern entdeckt, die zusammen in einem Appartement gewohnt hatten.

Ein Mann, der am frühen Morgen seinen Hund spazierenführte, sah an einer Straßenecke ein Mädchen, das an einem weitgeöffneten Fenster lehnte und lauthals um Hilfe rief. *»Sie sind alle tot!«* schrie sie unentwegt. *»Hilfe! Alle sind sie tot!«* Das Mädchen war Philippinin und hieß Corazón Amurao. Sie war die einzige der neun Bewohnerinnen, die dem Massaker entgangen war.

Der rasch darauf eingetroffenen Polizei bot sich in den verschiedenen Zimmern ein Bild des Grauens. Einigen

Mädchen hatte man die Kehle durchgeschnitten, andere erschossen und die übrigen erwürgt. Corazón Amurao wußte, was geschehen war.

Die neun Mädchen hatten im »Chicago Community Hospital« gearbeitet, wo sie im Rahmen eines Krankenschwester-Austauschprogramms in der Praxis unterwiesen wurden. Eine halbe Stunde nach Mitternacht befanden sich erst sechs Mädchen zu Hause. Drei, die in Kürze heiraten wollten, waren noch mit ihren Freunden aus. Die Zuhausegebliebenen hatten einen netten Abend zusammen verbracht und wollten gerade ins Bett gehen, als es unverhofft an der Tür klingelte.

»Ich gehe öffnen!« rief eines der Mädchen. Alle dachten, es seien die anderen drei, doch sie täuschten sich. Das Mädchen, das die Tür aufgemacht hatte, kam bleich und starr vor Angst zurück, gefolgt von einem fremden Mann: hemdsärmelig, groß, blond und kräftig. In den Händen hielt er eine Pistole und ein Messer.

Die Mädchen hatten keine Zeit, sich von ihrem Schrecken zu erholen. Noch bevor sie ein Wort sagen konnten, zischte der unheimliche Fremde: *»Haben Sie keine Angst, schreien Sie nicht! Ich möchte nur ein wenig Geld, ich muß nach New Orleans.«*

Der Mann angelte sich einen Stuhl und ließ sich darauf nieder. Die Mädchen kramten hastig nach ihren Geldbörsen, dann händigten sie ihm ein paar größere Scheine aus. Lässig steckte er sie in seine Hosentasche, traf aber keinerlei Anstalten, wieder zu gehen, im Gegenteil. Er sprach von banalen Dingen, plauderte, als wenn man ihn zum Tee eingeladen hätte. Dann sagte er plötzlich: *»Na schön, Babys, ich muß jetzt gehen. Aber vorher muß ich euch noch fesseln und knebeln, sonst macht ihr mir noch Dummheiten. Das werdet ihr einsehen. Laßt euch nicht einfallen, die Nachbarn zu verständigen, sonst werde ich ungemütlich.«*

Die Krankenschwestern versprachen es. Sie widersetzten sich auch nicht, als er daran ging, sie zu binden. Es bleibt eines der ungelösten Rätsel in diesem Fall, weshalb sich die Mädchen so ohne weiteres in ihr Schicksal ergaben. Sicher hätten die sechs eine ernsthafte Chance gehabt, wenn sie sich gemeinsam auf den Eindringling gestürzt hätten. Statt dessen band und knebelte er sie der Reihe nach mit Bettlaken. Dann musterte er sie kalt, wandte sich an eines der Mädchen, machte eine herrische Handbewegung und stieß hervor: *»Du kommst mit.«*

Er schleppte das Mädchen in ein anderes Zimmer und eine kurze Weile hörten die Zurückgebliebenen gar nichts mehr. Dann vernahmen sie einen gellenden Schrei, einen dumpfen Schlag und plötzlich herrschte unheimliche Stille.

Der Fremde kam zurück, holte sich ein weiteres Mädchen und verschwand mit ihm in einem anderen Zimmer. Der Vorgang wiederholte sich immer wieder. Als es dann unvermutet klingelte, hofften sie auf Rettung, doch die blieb aus. Statt dessen befanden sich nun alle neun Mädchen in den Händen des unheimlichen Fremden.

Nur eine von ihnen hatte unglaubliches Glück: Corazón Amurao. Der Mörder hatte die Philippinin in einem der Zimmer aufs Bett gelegt und wollte wohl später wiederkommen. Corazón schaffte es, sich auf den Boden fallen zu lassen und sich blitzschnell unters Bett zu rollen, um nicht mehr gesehen zu werden. Sie hatte richtig überlegt. Der Mörder schien seine Opfer nicht gezählt zu haben, er vergaß das neunte ganz einfach. So wurde das Mädchen Zeugin eines der unglaublichsten und schrecklichsten Verbrechen, welches die USA bis dahin erlebt hatte.

Zwei, drei, vier bange Stunden verbrachte das Mädchen unter dem Bett, traute sich kaum zu atmen. Sie hörte mit an, wie eine nach der anderen Freundin ihr Leben ließ.

Corazón Amurao, die einzige Überlebende, verläßt das Gericht.

Erst als Tageslicht ins Zimmer drang, wagte sich Corazón Amurao aus ihrem Versteck hervor. Nur mit äußerster Mühe gelang es ihr, ihre Fesseln loszuwerden, erst die an den Händen, dann die an den Beinen und schließlich den Knebel. Als sie frei war, beschloß sie, nach ihren Freundinnen zu sehen. Doch keine lebte mehr! Ein grauenvoller Anblick bot sich Corazón. Da war überall Blut – auf dem Boden, auf den Betten und an den Wänden. Auf dem Boden und auf den Betten lagen die nackten, entsetzlich zugerichteten Leichen der acht Krankenschwestern. Corazón war zunächst wie gelähmt, dann aber riß sie ein Fenster auf und schrie so laut sie konnte um Hilfe. Der Mörder war geflohen. Dank der Beschreibung des Mädchens gelang es der Polizei, ein Phantombild des Täters zu erstellen. Die Fahndung konnte anlaufen.

Schon bald darauf konnte der Verbrecher identifiziert werden. Es handelte sich um Robert Franklin Speck, einen 25jährigen ehemaligen Seemann, der total abgebrannt

Richard Speck mit Gerald Getty, seinem Verteidiger.

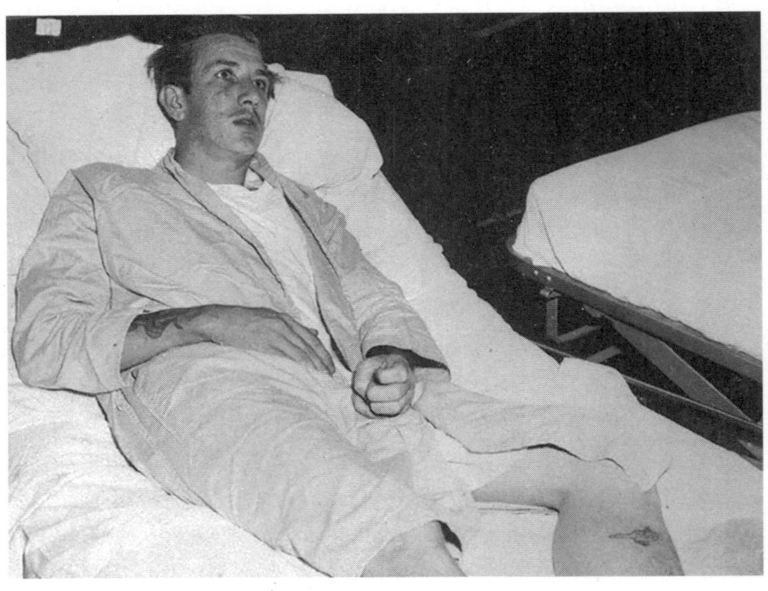

Speck in seiner Zelle im Cook County-Gefängnis.

war und ein unstetes Vagabundenleben führte. Die Polizei kannte ihn bereits, denn noch vor Vollendung seines 20. Lebensjahres war der spätere Massenmörder öfter als vierzigmal verhaftet worden. Sogar mehrere Morde gingen schon auf sein Konto.

Am Vorabend des Verbrechens war Speck in der Nähe des Wohnheims gesehen worden. Im Schiffahrtsbüro hatte er sich außerdem nach dem Preis einer Reise nach New Orleans erkundigt. Die Jagd nach dem Mörder war bald erfolgreich. Noch in Chicago konnte er in einer bescheidenen kleinen Pension festgenommen werden. Speck hatte versucht, Selbstmord zu begehen, indem er sich die Pulsadern öffnete. Am linken Arm trug er eine Tätowierung: *Born to raise hell (Für die Hölle geboren).*

Im folgenden Prozeß wurde Robert Speck zum Tode verurteilt. Allerdings erklärte der Oberste Gerichtshof der USA im Jahre 1972 noch vor der geplanten Hinrichtung die Todesstrafe für verfassungswidrig, womit alle vorher gefaßten Todesurteile umgewandelt werden mußten. Speck erhielt daher insgesamt acht Freiheitsstrafen zwischen 50 und 150 Jahren. In den folgenden Jahren wurden mehrere Anträge auf Begnadigung abgewiesen.

Eine Zeitlang kursierte das Gerücht, daß Speck in dem geschlechtsbestimmenden 23. Chromosomenpaar ein zusätzliches Y-Chromosom habe. Die Annahme, daß diese genetische Anomalie kriminalitätsfördernd wirke, gilt jedoch weder als richtig noch als falsch. Die Diagnose eines XYY-Syndroms stellte sich später als fehlerhaft heraus.

Am 5. Dezember 1991 starb Speck in seiner Gefängniszelle an einem Herzinfarkt. Nach seinem Tod entdeckte man ein Video, das den Täter bei Drogenpartys und Sexspielen im Gefängnis sowie scherzend über die Morde an den Schwesternschülerinnen zeigt.

Dean Corll
(1970–1973)

The candy man

Dean Allen Corll besaß ein Süßwarengeschäft im Houstoner Stadtviertel Neights und lebte im Nobelviertel von Pasadena. Die Nachbarn hielten ihn für einen unauffälligen, liebenswürdigen und anständigen Bürger mit guten Manieren, weshalb man ihm auch den Beinamen »*The candy man*«* gab. Sie irrten sich alle: Corll führte ein grauenhaftes Doppelleben. Hinter der Maske eines Biedermannes verbarg sich eine menschliche Bestie.

Über Dean Corlls Vergangenheit ist wenig bekannt. Er wurde in Fort Wayne, Indiana, geboren, leistete in Fort Hood, Texas, einen einjährigen Militärdienst ab und quittierte ihn im Jahr 1955. Seitdem verloren sich seine Spuren. Anfang der 60er Jahre muß er nach Houston gegangen sein.

* Der Ausdruck bedeutet »Süßwarenverkäufer«, umgangssprachlich jedoch auch »Drogendealer«.

Sein Vater, der Elektriker an der Medizinischen Fakultät der Universität von Houston war, besuchte ihn mehrmals in seinem Haus in Pasadena. Er war der erste, der einen Blick in die Abgründe der Seele seines Sohnes werfen konnte. Dennoch war er nicht ernstlich beunruhigt.

Dean Corll war homosexuell und konnte es nicht lassen, sich an jungen Männern zu vergreifen und sie zu Sexorgien zu zwingen. Das schrecklichste Verbrechen, das er in Houston begangen hatte, wurde im August 1973 bekannt – zu einem Zeitpunkt, als Corll von Elmer Wayne Henley, einem seiner Mordkomplizen, ermordet wurde.

Der 16jährige Henley erklärte der Polizei, daß er Dean Corll am Morgen des 9. August 1973 – während eines »Festes« in dessen Haus in Pasadena – getötet habe. Er sei ihm zuvorgekommen, sagte er, denn Corll habe sowohl ihn als auch ein 15jähriges Mädchen und dessen Freund umbringen wollen. Das »Fest«, zu dem er geladen hatte, war in Wirklichkeit eine Orgie gewesen.

Nach mehreren quälenden Verhören sagte Henley aus, daß er von drei verschiedenen Orten wisse, an denen Corll seine Opfer verscharrt hatte. Bei den Toten habe es sich ausnahmslos um heranwachsende junge Männer gehandelt, die vor ihrem Tode grauenhaft gefoltert worden waren.

Im Verlauf des Monats August fand die Polizei nicht weniger als 27 Leichen, die in einer Tiefe von etwa einem Meter bestattet worden waren. Der Täter hatte sie zerstückelt, in Plastiksäcken verstaut und anschließend die Grube mit Kalk aufgefüllt, um einerseits die Zersetzung zu erleichtern, andererseits aber das Entstehen übler Gerüche zu verhindern. 17 Leichen wurden in einem Schuppen in Houston freigelegt, der zur Aufbewahrung von Wassersportgeräten gedient hatte. Und die drei Toten, die man am Strand von

Dean Corlls Haus in Pasadena.

High Island ausgrub, mußten bereits länger als ein Jahr dort gelegen haben.

Bald erfuhr man, daß es noch einen dritten Mittäter gegeben hatte: den 18jährigen David Owne Brooks. Brooks gestand die Beteiligung an den Morden sofort nach seiner Festnahme. Er kannte Corll seit drei, Henley etwa seit zwei Jahren. Beide erklärten, daß sie Corll die Jungen gegen eine Vermittlungsgebühr von zehn Dollar pro Person beschafft hatten. Sie hätten den Opfern sagen müssen, sie seien zu einer Party eingeladen, auf der es großartiges Essen, Marihuana und Pornofilme gäbe.

Wenn die Jungen dann in Corlls Haus waren, begannen die widerlichen sexuellen Orgien, in deren Verlauf Corll seine Opfer nackt an Türfüllungen fesselte, die speziell für Folterzwecke hergerichtet worden waren. Gewöhnlich beendete der »Gastgeber« das Gelage, indem er die Jungen erwürgte oder erschoß. Brooks erklärte, daß für diese sadistischen und perversen Ausschweifungen insgesamt fünf verschiedene Appartements zur Verfügung gestanden hatten. Es sieht so aus, als wollten Henley und Brooks bereits nach Corlls erstem Verbrechen aussteigen, doch drohte ihnen der Mörder mit einer Anzeige wegen Mittäterschaft, woraufhin das Trio zusammenblieb.

Im Prozeß wurde die nachstehende »Opferliste« zusammengestellt: Jeffrey Konen, 18; Danny Yates, 14; James Glass, 14; Jerry Waldrop, 13; Donald Waldrop, 15; Randell Harvey, 15; David Hilligiest, 13; Gregory Malley Winkle, 16; Ruben Watson, 17; Willard Rusty Branch, 17; Frank Aguirre, 18; Mark Scott, 17; Johnny Delone, 16; Billy Baulch, 17; Steven Sickman, 17; Wally Jay Simoneaux, 14; Richard Hembree, 13; Richard Kepner, 19; Joseph Lyles, 17; Billy Ray Lawrence, 15; Ray Blackburn, 20; Homer Garcia, 15; John Sellars, 17; Michael Tony Baulch, 15; Marty Jones, 18; Charles Cary Cobble, 17, und James Dreymala, 13.

Ob Corll außer diesen 27 Unglücklichen auch noch andere Menschen auf dem Gewissen hatte, ließ sich nicht mehr klären: Der Serienmörder hat dieses Geheimnis mit ins Grab genommen. Elmer Henley und David Brooks leugneten ihre Beteiligung an den schrecklichen Morden nicht, behaupteten aber, entweder unter dem Einfluß von Drogen und Alkohol gestanden oder aber aus Angst vor Corlls Drohungen gehandelt zu haben.

Beide wurden 1974 verurteilt: Brooks wegen eines Mordes zu lebenslanger Haft, Henley wegen sechsfachen Mordes zu sechsmal 99 Jahren Haft. Bisher wurden Anträge auf vorzeitige Entlassung abgelehnt.

DER FRAUENHASSER VON NEVADA

Der Fall Carroll Edward Cole (1946 und 1971–1980)

»Mein Drang zu töten war ausgeprägter denn je.«

Carroll Edward Cole wurde 1938 als zweiter Sohn von LaVerne und Vesta Cole in Sioux City, im US-Bundesstaat Iowa, geboren; er hatte noch eine jüngere Schwester. Die Familie zog schon früh nach Kalifornien, wo der Vater Arbeit in einer Schiffswerft fand. Während er dann zum Kriegsdienst eingezogen wurde, hatte die Mutter mehrere außereheliche Beziehungen, wobei sie Sohn Carroll gelegentlich mitnahm und ihn anschließend einschüchterte und schlug, damit er nichts verrate. Sie war recht grausam zu ihm, zwang ihn, in Mädchenkleidung herumzulaufen, und machte ihn zum Gegenstand ihrer Späße.

In der Schule wurde er wegen seines Mädchennamens von Mitschülern verspottet. Ein gewisser Duane ärgerte ihn dabei besonders. Als die Schüler eines Tages einen Ausflug an einen Badesee machten, ließ sich Carroll diese Gelegenheit nicht entgehen. Als Duane ins Wasser sprang, schlang Carroll seine Beine um den Hals des anderen, stützte sich am Steg ab und drückte seinen Widersacher so lange unter Wasser, bis er merkte, daß er tot war. Dann erst ließ er ihn los und Duane sank auf den Grund des Sees.

Damals war Carroll Cole gerade einmal acht Jahre alt. Die Schule und alle Beteiligten gingen von einem äußerst tragischen Unfall aus, denn niemand hätte vermutet, daß Cole hier nachgeholfen haben könnte. Reue über diese Tat empfand er nicht. Später sagte er einmal: *»Ich war stolz auf mich, daß ich ihm all seine Schweinereien heimgezahlt hatte.«*

Wenn er allerdings gehofft hatte, daß sich sein Leben entscheidend verändern würde, weil der größte Peiniger beseitigt war, dann sah er sich gehörig getäuscht. Wo er auch hinkam, überall wurde weiterhin auf ihm herumgehackt; sogar Prügel mußte er einstecken. Schließlich war er von dem Gedanken besessen, sich eines Tages für alle Demütigungen zu rächen, die er fortan erleiden würde. Doch wie er das anstellen konnte, wußte er nicht.

Im Alter von 15 Jahren nahm Cole an einem Intelligenztest teil, der ergab, daß sein IQ bei 152 lag. Der Junge war hochbegabt! Doch leider ignorierte man das, vor allem in der Schule. Statt dem Lernstoff zu folgen, überließ er sich willig den schrecklichsten Gewaltphantasien. Zudem entdeckte er die »Freuden des Alkohols« und betrank sich immer häufiger. Weil es ihm an Geld mangelte, brach er kurzerhand in Schnapsläden ein, wobei er prompt geschnappt wurde. Unerfreuliche Ereignisse solcher Art mehrten sich. Als er zum wiederholten Male volltrunken im Unterricht erschienen war, wurde er schließlich der Schule verwiesen.

Seinen Schulabschluß packte er trotzdem. Bei der Armee wollte er kurz darauf seinen Militärdienst leisten, wurde aber schnell wieder entlassen, weil er Pistolen gestohlen hatte. 1960 überfiel er ein paar Liebespaare in ihren Autos und prügelte mit einem Hammer auf die jungen Leute ein; ernsthaft verletzt wurde dabei aber niemand. Cole spürte, daß etwas mit ihm nicht stimmte. Er meldete sich daraufhin bei der örtlichen Polizei in Richmond und erklärte, daß er immer öfter von Gewaltphantasien gequält werde, die darin gipfelten, daß er Frauen erwürgen wolle. Doch Cole wurde nicht ernst genommen.

Zwar war er in den folgenden Jahren mehrmals in psychiatrischer Behandlung, jedoch sah man es nicht als erforderlich an, ihn stationär zu therapieren. Das mag zum Teil auch daran gelegen haben, daß er den Psychiatern wichtige Details verschwieg, so zum Beispiel den frühen Mord an seinem Klassenkameraden oder die häufigen Mißhandlungen durch seine Mutter. Statt die Wahrheit zu sagen, behauptete er, eine glückliche Kindheit verbracht zu haben. Es ist gut denkbar, daß Cole andernfalls richtig eingeschätzt und behandelt worden wäre. Doktor Weiss, einer der Gutachter, meinte abschließend: *»Der Patient scheint Angst vor Frauen zu haben und kann nicht mit ihnen schlafen; er muß sie töten, damit er dazu in der Lage ist.«*

Schließlich schickte Coles Vater den jungen Mann nach Dallas, wo der ältere Bruder Richard lebte. Dort begegnete er der alkoholsüchtigen Stripperin Billie Whitworth. Er heiratete sie, doch die Ehe hielt nur knapp zwei Jahre. Da Cole glaubte, daß Billie in einem Motel mit anderen Männern schlafe, fackelte er die Absteige einfach ab und wurde daraufhin wegen Brandstiftung verurteilt. Als er im Frühjahr 1967 wieder freikam, verließ Billie ihn. So wurde Cole zum Landstreicher.

Im Mai desselben Jahres überfiel er ein elfjähriges Mädchen, um es zu erwürgen, doch die Eltern konnten das Verbrechen im letzten Moment gerade noch verhindern. Cole wurde erneut verhaftet. Weil er sich vor Gericht schuldig bekannte, bewirkte das ein milderes Strafmaß. Er bekam fünf Jahre Gefängnis. Drei Jahre später war er wieder auf Bewährung draußen.

Nun kehrte er wieder nach Kalifornien zurück, diesmal in die Grenzstadt San Diego. *»Mein Drang zu töten, war ausgeprägter denn je«*, sagte er später. *»Der Unterschied zu früher war, daß mir meine Phantasien inzwischen kein Kopfzerbrechen mehr bereiteten.«*

In San Diego verübte er am 7. Mai 1971 seinen ersten Mord als Erwachsener. Die 39jährige Essie Buck war die Besitzerin einer Kneipe; er lud sie auf eine Fahrt in seinem Wagen ein und erwürgte sie dann. Mit der Leiche im Kofferraum suchte er dann nach einem Platz, wo er sie beseitigen konnte.

Nur zwei Wochen später betrank sich Cole mit einer Frau, von der er lediglich wußte, daß sie Wilma hieß. Sie verbrachten die Nacht zusammen, danach erwürgte er sie. Die Leiche vergrub er in der Nähe von San Isidoro. Der Polizei gelang es weder, die sterblichen Überreste zu finden, noch jemals die Identität der Frau zu klären.

Kurz darauf brachte er sein drittes Opfer um. Dieses Mal kannte er nicht einmal den Namen der Frau. Dafür war klar, wie er sie töten wollte: Zuerst kam der Suff, dann der Sex und schließlich der Mord. Dieses Vorgehen wurde zu einem regelrechten Ritual.

Cole hatte drei Morde in einem Monat begangen, er war zum Serienmörder geworden. Von nun an war sein Weg vorgezeichnet. Im Juni 1973 heiratete er die Bardame Diana Pashal, die ebenfalls der Trunksucht ergeben war. Das Paar stritt sich häufig. Cole verließ in solchen Fällen das Haus für ein paar Tage, um sich eine Auszeit zu nehmen. Wenn er weg war, beging er Morde, darunter einen an einer Frau, aus deren Gesäß er sich angeblich Steaks gebraten haben will.

Im September 1979 erwürgte er dann seine Frau. Als ein Nachbar die Tat bemerkte, verständigte er die Polizei. Obwohl diese Dianas Leiche in ein Handtuch eingewickelt in einem Schrank entdeckte, gingen die Ermittler davon aus, daß ihr Tod ihrem schweren Alkoholismus zuzuschreiben sei. Cole wurde nach kurzer Vernehmung ohne jegliche Anklage entlassen!

Jetzt verließ er San Diego wieder und zog planlos im Westen der USA umher. So ermordete er in einem Hinterhof von Las Vegas die Prostituierte Kathlyn Blum und drei weitere Frauen in Dallas. Weil er bei einem dieser Verbrechen gesehen worden war, wurde er wieder einmal verhaftet. Auch diesmal war er vom Glück begünstigt, denn die Polizei glaubte der Diagnose des Gerichtsmediziners, daß die Frauen eines natürlichen Todes (Kreislaufversagen) gestorben seien. Cole wäre beinahe wieder auf freien Fuß gesetzt worden, hätte er sich nicht selbst widersetzt. Er wollte reinen Tisch machen und gestand, in den vergangenen neun Jahren mindestens 14 Frauen ermordet zu haben.* *»Es können vielleicht sogar noch ein paar mehr sein«,* meinte er dann, *»denn normalerweise war ich dabei betrunken.«*

---

* Die Liste der Opfer umfaßte folgende Fälle: Duane [Familienname unbekannt], 8 (Sommer 1946, Richmond, Kalifornien); Essie Buck, 39, (7. Mai 1971, San Diego, Kalifornien); Wilma [Familienname, Alter unbekannt] (Ende Mai 1971, San Diego, Kalifornien); ein unbekanntes Opfer (Ende Mai 1971, San Diego, Kalifornien); zwei unbekannte Opfer (März 1972, San Isidoro, Kalifornien); Myrlene Hamer (8. August 1975, Casper, Wyoming); Kathlyn Blum, 27 (14. Mai 1977, Las Vegas, Nevada); ein unbekanntes Opfer (23. November 1977, Oklahoma City, Oklahoma); Bonnie Sue O'Neil, 40 (27. August 1979, San Diego, Kalifornien); Diana Cole, 35 (26. September 1979, San Diego, Kalifornien); Maria Cushman, 51 (3. November 1979, Las Vegas, Nevada); Dorothy King, 52 (9. November 1980, Dallas, Texas); Wanda Faye Roberts, 32 (12. November 1980, Dallas, Texas) und Sally Thompson, 43 (30. November 1980, Dallas, Texas).

Im Januar 1984 erhielt Cole einen Brief, in dem ihm mitgeteilt wurde, daß seine Mutter inzwischen verstorben war. Weil die Morde im wesentlichen in Kalifornien, Wyoming, Oklahoma, Nevada und Texas begangen worden waren, hätten prinzipiell Strafverfahren in allen diesen Bundesstaaten stattfinden müssen. Nachdem er bereits am 9. April 1984 in Texas zu einer lebenslangen Freiheitsstrafe verurteilt worden war, wollte man sich nun mit den Mordanklagen in Nevada beschäftigen.

Am 16. August 1984 wurde auch dort das Verfahren eröffnet und Cole bekannte sich sogleich der Morde, derer man ihn anklagte, schuldig. Sein Pflichtverteidiger intervenierte, doch Cole protestierte energisch gegen das Plädoyer: *»Ich bin mein Leben lang ein Befürworter der Todesstrafe gewesen«*, sagte er. *»Ich habe keine Ahnung, weshalb mein Verteidiger für mich mildernde Umstände in Anspruch nehmen will.«* Er appellierte eindringlich an die Richter, ihn mit dem Tode zu bestrafen. Ansonsten wäre er in fünf Jahren wieder auf Bewährung draußen (was natürlich nicht gestimmt hätte) und würde dort weitermachen, wo er im November 1980 in Dallas aufgehört habe.

Die Richter folgten seinem Wunsch und verhängten die Todesstrafe. In den folgenden Monaten verfaßte Carroll Cole eine ausführliche Autobiographie, dann wurde der Hinrichtungstermin auf den 6. Dezember 1985 festgesetzt. Gegen zwei Uhr morgens richtete ihn der Henker im Nevada State-Gefängnis mit der Giftspritze hin. *»Thanks, Judge!«* sollen Coles letzte Worte gewesen sein.

DER AMOKLÄUFER VON NEBRASKA

Der Fall des Charles Starkweather (1957–1958)

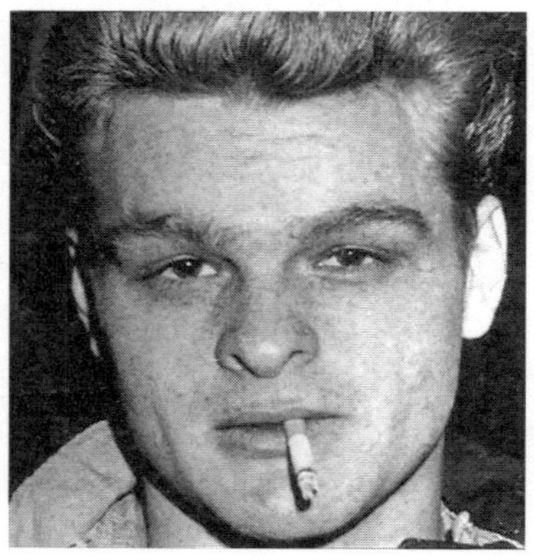

»Ich hasse die Welt, weil die Welt mich haßt.«

Das Leben schreibt die unglaublichsten Geschichten. Die des Charles Raymond Starkweather gehört mit Sicherheit zu dieser Kategorie. Am 24. November 1938 als drittes von sieben Kindern einer Arbeiterfamilie in Lincoln, Nebraska, geboren, wuchs Charles in einer angesehenen Familie auf, deren Kinder von Bekannten als anständig erzogen und mit guten Manieren beschrieben wurden. Vater Guy galt als sanftmütiger Mann, der als Zimmermann arbeitete, jedoch wegen seiner arthritischen Hände immer wieder mal arbeitslos wurde. In diesen Zeiten sorgte Mutter Helen für den Familienunterhalt, die als Kellnerin in Gaststätten oder Restaurants arbeitete.

In seiner Schulzeit hatte Charles es nicht gerade leicht. Mit O-Beinen und einem leichten Sprachfehler war er ständigen Hänseleien ausgesetzt. Er hatte Lernschwierigkeiten und große Mühe, sich selbst so zu akzeptieren, wie er war. Zudem wurde in jungen Jahren eine schwere Kurzsichtigkeit festgestellt, die sein Sehvermögen stark beeinträchtigte. Trotz allem war er ein recht guter Turner. Insbesondere beim Sport gelang es ihm, seine Aggressionen abzubauen, die sich infolge des Spotts und der Schikanen seiner Mitschüler in ihm angestaut hatten. Langsam entwickelte er auch eine gewisse Selbstachtung und begann damit, diejenigen zu schikanieren, die bisher ihn bloßstellen wollten. Schließlich weitete er seine Angriffe auf all die Personen aus, die früher einmal gemein zu ihm gewesen waren bzw. die er nicht ausstehen konnte. Und das waren viele! Auf diese Weise verwandelte sich Charles von einem wohlerzogenen Jugendlichen zu einem echten Problemfall.

Einer seiner Schulfreunde sagte später einmal: *»Charlie konnte der freundlichste Mensch sein, den du jemals gesehen hast. Er hätte alles für jemanden getan, den er mochte. Es war immer ein Heidenspaß, wenn man mit ihm unterwegs war. Überhaupt war alles nur ein großer Spaß für ihn. Aber er konnte auch ganz anders sein, nämlich verdammt gemein. Wenn er so einen armen Kerl auf der Straße sah, der größer als er war, der besser aussah oder besser gekleidet war, dann machte er den richtig zur Schnecke. ›Ich hasse die Welt, weil die Welt mich haßt‹, sagte er des öfteren.«*

Starkweather bewunderte schon früh den Schauspieler James Dean, den er sich zum Vorbild nahm und den er auch rein äußerlich – in Bezug auf Sprechweise, Kleidung und Verhalten – imitierte. Er war der Meinung, daß Dean ein Seelenverwandter von ihm sein mußte, ein Mensch, der wohl genauso viel durch die Mitmenschen zu leiden gehabt hatte wie er. Gleichzeitig träumte er davon, eines Tages ein Bandit und als solcher berühmt zu werden. Im Jahre 1957, mit knapp 19 Jahren, setzte er seine wahnwitzigen Phantasien in die Tat um. Das kostete elf Menschen das Leben.

Als 18jähriger hatte er die 13jährige Caril Ann Fugate kennengelernt und war ihretwegen von der Schule abgegangen. Caril hatte sich in seine schlaksige, lässige Art verliebt, die ihr sehr imponierte. Seine relativ niedrige Herkunft störte sie nicht, sie selbst stammte aus ärmlichen Verhältnissen. Ihr Stiefvater, Marion Bartlett, arbeitete als Wachmann in Nachtschichten und war etwa 20 Jahre älter als ihre Mutter Velda, die Hausfrau war. Was ihr an Charles gefiel, war, daß er ständig Geschichten erzählte, vor allem offenbar davon schwärmte, Cowboy oder Bandit zu werden.

In einem Lagerhaus in der Nähe der Schule von Caril Ann fand er eine Arbeitsstelle. Er hatte nur deshalb dort angefangen, um das Mädchen jeden Tag zu sehen. Ein guter Arbeiter war er nicht, sein Chef meinte später: *»Manchmal mußte man ihm alles zwei- oder gar dreimal erklären. Von allen Mitarbeitern war er der Beschränkteste.«*

Sowohl ihre als auch seine Eltern waren gegen die Beziehung. Charles' Eltern waren der Ansicht, daß Caril ihn *»vom rechten Weg abbringen«* würde, Carils Eltern empfanden den jungen Mann als *»zu alt«* für ihre Tochter. Das aber schweißte das Pärchen wohl nur noch enger zusammen.

Seine Autoleidenschaft wollte Starkweather mit seiner Freundin teilen und erklärte ihr, wie man fährt. Doch hatte sie den Dreh nicht schnell genug raus und fuhr das Auto zu Schrott. Weil Vater Guy der Halter des Fahrzeugs gewesen war, mußte Charles für den Schaden aufkommen, und so kam es zu einer handfesten Auseinandersetzung zwischen beiden, die damit endete, daß der Vater das Benehmen seines Sohnes nicht mehr länger ertragen wollte und ihn kurzerhand wutentbrannt aus dem Haus warf.

Charles kündigte seinen Job im Lagerhaus und begann, bei der Städtischen Müllabfuhr zu arbeiten. Dann kam der 30. November 1957. An diesem Tag fuhr Starkweather zu einer Tankstelle am Cornhusker Highway, der Hauptstraße im Norden Lincolns, um einen Stoffhund für Caril Ann zu kaufen. Doch der Tankwart verweigerte ihm die Zahlung mit Kreditkarte, und Starkweather lief wütend wieder hinaus. Gegen drei Uhr morgens kehrte er mit einer Pump-Gun zurück, zwang den Tankwart, die Kasse zu leeren – die Beute betrug nur etwas mehr als 100 Dollar – und entführte ihn dann. Er fuhr mit dem Mann an einen abgelegenen Ort, wo das Opfer verzweifelt versuchte, sich der Waffe seines Entführers zu bemächtigen. In dem Handgemenge fiel plötzlich ein Schuß. Der Tankwart sank auf die Knie. In dieser Position schoß ihm Starkweather kaltblütig in den Kopf.

Dann fuhr er zu seiner Freundin und erzählte ihr von dem Überfall. Er behauptete dabei allerdings, daß ein Komplize von ihm den Tankwart erschossen habe. Sie glaubte ihm nicht.

Am 21. Januar 1958 fuhr Starkweather zu Caril, mußte aber feststellen, daß sie noch nicht zu Hause war. Statt dessen standen ihm ihre empörten Eltern gegenüber, die der Meinung waren, daß er ihre Tochter geschwängert habe. Es kam zum Streit, in dessen Verlauf Carils Mutter Charles mehrfach ohrfeigte, was dieser als große Demütigung empfand. Da schlug er zurück. Nun packte ihn Marion Bartlett von hinten und versuchte, ihn aus dem Haus zu werfen. Die beiden Männer fielen auf den Boden und rangen erbittert miteinander. Bartlett ließ plötzlich von ihm ab, um nach einer Waffe zu suchen. Starkweather lief indessen in Carils Zimmer, in dem er sein Gewehr aufbewahrte, und lud die Waffe.

Als Carils Stiefvater mit einem Hammer in der Tür erschien, jagte ihm Charles ein paar Kugeln in den Kopf. Er lud das Gewehr erneut und sah nach Velda Bartlett. Die trat ihm mit einem Küchenmesser in der Hand entgegen. Charles erschoß auch sie und schlug anschließend noch mit dem Kolben auf sie ein. Als er Carils kleine Schwester, die zweieinhalbjährige Betty Jean, schreien hörte, ergriff er das Messer, das Frau Bartlett hatte fallen lassen, und warf es nach dem Kleinkind. Er traf es am Hals und erschlug es obendrein mit dem Gewehr. Danach sah er noch einmal nach dem alten Bartlett, dem er sein Jagdmesser noch mehrfach in die Kehle stieß, um ganz sicher zu gehen, daß er tot war.

Nach dieser Tragödie hüllte Starkweather Carils Eltern in Bettücher und band sie mit Wäscheleinen zusammen; Betty Jean legte er in einen Pappkarton. Bartletts Leiche schleifte er in den gefrorenen Hinterhof, wo er sie in einem ungenutzten, verfallenen Hühnerstall ablegte. Die Leichen der Mutter und des Babys stopfte er in eine Toilette, die sich im Freien befand. Mit Teppichen wischte er das Blut auf, Parfum sollte den Geruch verdrängen.

Später machte es sich das Pärchen im Wohnzimmer bequem und sah ungerührt eine Zeitlang fern. Bei einer Pepsi Cola und genügend Kartoffelchips glaubte Starkweather, an alles gedacht zu haben. Von einem benachbarten Lebensmittelgeschäft aus hatte er bei Bartletts Arbeitgeber angerufen, um ihn dort wegen Krankheit zu entschuldigen. Mögliche Besucher sollten durch einen Zettel an der Haustür ferngehalten werden. Darauf stand zu lesen: *»Bleibt weg vom Haus, wir haben alle eine schlimme Grippe.«*

Caril Anns Schwester Barbara und deren Freund Bob von Busch glaubten, was sie lasen, aber auch Rodney Starkweather, der in Begleitung Bobs vorbeikam. Lediglich Charles' Schwester Laveta und Pansy Street, Caril Anns Großmutter,

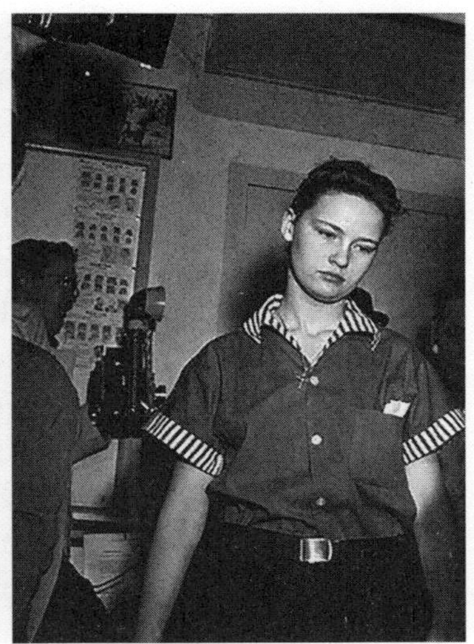

Links: Caril Fugate und Charles Starkweather.
Rechts: Caril verläßt die Zelle. Fingerabdrücke sollen abgenommen werden.

begegneten der Notiz skeptisch. Ein unerklärliches Gefühl sagte ihnen, daß da irgend etwas nicht stimmen konnte, und so veranlaßten sie schließlich am 27. Januar die Polizei, im Haus der Fugates bzw. Bartletts *»nach dem Rechten zu sehen«*. Als die Polizisten dort eintrafen, hatte sich das Pärchen allerdings bereits davon gemacht. Sie hatten volle sechs Tage nach den Morden noch im Hause zugebracht.

Später behauptete Starkweather, Caril Ann sei bei den Morden anwesend gewesen und habe ihn sogar noch angestachelt. Das Mädchen dagegen versicherte, bei ihrer Rückkehr von der Schule die Eltern nicht angetroffen zu haben. Statt dessen habe ihr Freund mit einer Pistole in der Hand auf sie gewartet.

Das Pärchen beschloß nun, in Starkweathers Ford nach Bennet, Nebraska, zu fahren, wo der 70jährige August Meyer, ein Freund der Familie Starkweather, wohnte. Aus dem Vorhaben sollte ein schrecklicher Amoklauf werden. Auf dem Weg blieb das Auto im Schlamm stecken. Starkweather wollte den Farmer Meyer überreden, ihm ein paar Pferde auszuleihen, um den Ford wieder in Gang zu bringen, doch der weigerte sich. In einem Wutanfall erschoß Charles ihn und schleppte den Toten anschließend in das Waschhaus, wo er ihn notdürftig mit einer Decke verhüllte. Die beiden jungen Leute durchstöberten die Farm nach Brauchbarem, fanden aber lediglich etwa 100 Dollar, verschiedene Kleidungsstücke und etwas zu essen. Alle Versuche, das Fahrzeug aus dem Schlamm zu ziehen, scheiterten. Schließlich ließen sie den Ford zurück.

Sie machten sich zu Fuß auf den Weg und hofften, auf jemanden zu treffen, der sie mitnehmen würde. Tatsächlich begegneten ihnen Robert Jensen, 17, und seine 16jährige Freundin Carol King. Die jungen Leute ließen die Fremden einsteigen und Jensen erbot sich, sie zur nächsten Tankstelle zu fahren, wo sie mit Sicherheit Hilfe erwarten konnten. Statt dieses freundliche Angebot anzunehmen, beschloß Starkweather, Jensen das Fahrzeug abzunehmen.

An einer recht abgelegenen Stelle bat Charles den Fahrer, kurz anzuhalten, weil er sich erleichtern müsse. Prompt erschoß er die jungen Leute. Auf Carol King stach er zusätzlich mit seinem Jagdmesser ein. Nachdem er die Toten ausgeraubt hatte, setzte das Mörderpärchen seine Fahrt fort. Caril Ann soll während der Tat angeblich ungerührt Radio gehört haben. Nun fuhren sie in eine wohlhabende Gegend von Lincoln und brachen in das luxuriöse Wohngebäude des Industriellen Lauer Ward (der ein persönlicher Freund des Gouverneurs von Nebraska war) und dessen Ehefrau Clara ein. Darin hielten sich zu dem Zeitpunkt nur die Hausfrau und die 51jährige Hausgehilfin Lilian Fencl auf.

Anhand eines Zeitungsartikels, in dem von dem Verbrechen an der Bartlett-Familie berichtet wurde, erkannte

Frau Ward sofort, in welch tödlicher Gefahr sie schwebte. Sie machte zunächst gute Miene zum bösen Spiel und erklärte sich bereit, Starkweather alles zu überlassen, was er haben wolle. Charles tat so, als ob er damit einverstanden sei, obwohl er längst den Vorsatz gefaßt hatte, die Frauen umzubringen. Er verlangte, daß man ihm und Caril Ann ein Frühstück zubereite und dieses dann in der Bibliothek des Hausherrn serviere. Als Frau Ward ihn bat, sich kurz nach oben zurückziehen zu dürfen, um sich umzuziehen, entließ er sie gnädig. Weil die Frau jedoch über Gebühr lange ausblieb, erhob sich Starkweather, um nachzusehen, wo sie geblieben war.

Er stieg die Treppe hoch und entdeckte Frau Ward in ihrem Schlafzimmer, in das sie sich voller Angst zurückgezogen hatte. Sie hielt eine Pistole in der Hand und versuchte, auf ihn zu schießen, verfehlte ihn aber. Da griff Starkweather erneut nach seinem Jagdmesser und warf es nach ihr. Es traf sie im Rücken, weil sie sich abgewandt hatte. Dann erstach er sie skrupellos. Kurz darauf brachte er auch die Haushälterin um. Nun galt es, auf Lauer Ward zu warten, auf dessen Auto es Starkweather abgesehen hatte. Als der Hausherr gegen sechs Uhr eintraf und arglos das Haus betrat, trat ihm Starkweather mit gezückter Waffe entgegen und zischte ihm zu, daß ihm nichts geschehen werde, wenn er nur *»keine Mätzchen«* mache. Doch Ward schaltete auf Gegenwehr und versuchte, ihm die Pistole zu entreißen. So entspann sich ein heftiges Gerangel, in dem Starkweather die Oberhand behielt. Ohne Gnade erschoß er Ward und wähnte sich endlich am Ziel.

Nach diesem erneuten Verbrechen beluden sie Wards Fahrzeug mit zahlreichen Wertsachen aus der Villa und fuhren weiter, diesmal in Richtung des Bundesstaates Wyoming. Mittlerweile war das ganze Land in hellem Aufruhr;

die Behörden ließen jedes Haus nach den Flüchtigen durchsuchen. Selbst die Nationalgarde fand das Pärchen nicht.

Starkweather und Fugate waren inzwischen in der Nähe von Douglas, in Wyoming, angekommen. Ihnen war nicht entgangen, daß man ihnen auf den Fersen war. Deshalb lag ihnen daran, Wards Fahrzeug schnell wieder loszuwerden. Als sie am Straßenrand einen geparkten Buick entdeckten, in dem der 37jährige Merle Collison, ein Schuhverkäufer, gerade schlief, kam es zum Schlußakt des Dramas. Caril Ann weckte den Mann und schoß zweimal durch die Scheibe auf ihn, traf ihn aber nicht tödlich. Jetzt begriff Collison und wollte dem Angreifer den Wagen überlassen, aber kaum hatte er die Tür geöffnet, da feuerte Starkweather sieben weitere Schüsse auf ihn ab.

Danach setzte sich Starkweather ans Steuer, um den Wagen zu starten, kam aber mit dem Fahrzeug nicht zurecht, sondern würgte den Motor ab. In diesem Augenblick kam der 29jährige Geologe Joe Sprinkle auf die beiden zugefahren, da er die beiden Autos am Straßenrand bemerkt hatte. Er vermutete einen Unfall und fragte, ob er behilflich sein könne. Starkweather bedrohte ihn sogleich mit seiner Waffe und verlangte, daß er den Wagen starten solle. Als Sprinkle entdeckte, daß sich im Wageninnern offenbar ein Toter befand, widersetzte er sich und es kam zu einem wilden Handgemenge, das rasch außerhalb des Fahrzeugs fortgesetzt wurde. Schließlich landete Sprinkle in einem Loch am Straßenrand, während Starkweather wieder zu seinem Auto rannte.

Zufällig kam nun William Romer, ein Deputy Sheriff*, vorbei. In diesem Moment sprang Caril Ann aus dem Auto.

---

* Ausgebildeter und vereidigter Polizeibeamter, der im Namen und Auftrag des Sheriffs Polizeiaufgaben wahrnimmt.

Sie lief auf den Polizisten zu und rief dabei: *»Bringen Sie mich aufs Revier, das ist Starkweather! Er hat gerade einen Mann umgebracht!«*

Starkweather erkannte, daß er unbedingt die Flucht ergreifen mußte. Er fuhr in Richtung Douglas davon. Jetzt kam es zu einer wilden Verfolgungsjagd, denn ein Polizeifahrzeug, in dem Robert Ainslie, der Polizeichef von Douglas, und Earl Heflin, der County Sheriff (Bezirkssheriff), saßen, heftete sich unverzüglich an seine Fersen. Als sie ihm nahe genug waren, zerschossen sie die Frontscheibe des Wagens, wobei Starkweather durch herumfliegende Splitter am Ohr verletzt wurde. Weil er dachte, daß er verbluten würde, hielt er in Panik an und konnte verhaftet werden.

Auch Caril Ann Fugate war inzwischen festgenommen worden. Am 5. Mai 1958 begann der Prozeß, in dem die Beweise von Anfang an erdrückend waren. Charles Starkweather präsentierte sich bei seinen letzten Auftritten mit struppigen Haaren und einer Zigarette zwischen den Lippen; gekleidet war er in eine schwarze Motorradjacke aus Leder, enge schwarze Jeans und blau-weiße Cowboystiefel. Dabei hatte er sich wohl ein letztes Mal an seinem Idol James Dean orientiert.

Er behauptete zunächst, daß er Caril Ann als Geisel mit sich geführt habe, ließ diese Aussage jedoch in dem Augenblick fallen, als das Mädchen ihn einen Mörder nannte. Schließlich gab er an, daß Caril bei allen Morden mitgewirkt habe. *»Sie hätte mich jederzeit verlassen können«*, sagte er zynisch, *»ich habe sie oft und viel allein gelassen, vor allem dann, wenn ich uns was zu essen besorgt habe.«* Das Gericht machte es sich dennoch nicht leicht, sondern beriet sich nahezu 24 Stunden lang.

Nach dem vorletzten Verhandlungstag schrieb Charles Starkweather an seine Eltern: *»Ich setze meine ganze*

Starkweather in Handschellen auf dem Weg ins Gericht.

Hoffnung in ein Urteil, das auf ›lebenslänglich‹ lautet. Dann kann ich all die Sünden bereuen, die ich begangen habe.« Seine Hoffnung wurde enttäuscht: Die Jury verurteilte ihn wegen der Mordserie zum Tode durch den elektrischen Stuhl. Pikanterweise hatte man ihm vorher die Wahl gelassen, ob er entweder vor ein Gericht des Bundesstaates Wyoming oder aber vor eines im Bundesstaat Nebraska gestellt werden wolle. Starkweather entschied sich für Nebraska, wo er die Todesstrafe bekam – in Wyoming wäre sie ihm höchstwahrscheinlich erspart geblieben, da der dortige Gouverneur ein erklärter Gegner der Todesstrafe war.

So wurde der Delinquent am 25. Juni 1958 im Gefängnis hingerichtet. Beim ersten Versuch reichten die 2200 Volt nicht aus, ihn zu töten. Der »Vollstrecker« mußte es noch zweimal probieren, bis der Tod um 12.04 Uhr mittags beurkundet werden konnte. Der Amokläufer wurde auf dem Wyuka-Friedhof in Lincoln begraben. Caril Ann Fugate bekam, obwohl sie zum Tatzeitpunkt erst 14 Jahre alt gewesen war, eine *»lebenslange Gefängnisstrafe«*. Sie saß 18 Jahre ab, wurde 1976 begnadigt und lebt jetzt unter anderem Namen in Michigan, wo sie an einem Krankenhaus als Hausmeisterin arbeiten soll.

Das kurze und verpfuschte Leben des Charles Starkweather inspirierte übrigens zahlreiche Künstler zu Auseinandersetzungen mit seinen Untaten. Nachstehend ein knapper Überblick:

Stephen King gestaltete diverse Charaktere in seinem Buch *The Stand* nach dem Serienmörder. Die Filme *Der Sadist, Badlands, True Romance, Natural Born Killers, Starkweather* und *Murder in the Heartland* basieren auf dem Starkweather-Fall. Liza Ward, die Enkelin des geschädigten Ehepaars Ward, schrieb 2004 den Roman *Außerhalb Valentine,* der auf den brutalen Morden beruht. Ninette Beaver schrieb 1974 eine nicht autorisierte Biographie von Caril Ann Fugates. Bruce Springsteens Song *Nebraska* aus dem Jahr 1982 basiert ebenso auf den tragischen Ereignissen wie der Peter Jackson-Film *The Frighteners* und der Song *Badlands* von Church of Misery. Die Heavy Metal-Band Starkweather hat ihren Gruppennamen nach dem Täter benannt. Billy Joel erwähnt die Starkweather-Morde in seinem Lied *We Did not Start the Fire.*

DER KILLER DER EINSAMEN HERZEN

Der Fall Harvey Murray Glatman (1957–1958)

»Es ist besser so!«

Harvey Murray Glatman wurde am 10. Oktober 1927 als Sohn der Ophelia Gold und des Hutmachers Albert Glatman im New Yorker Stadtteil Bronx geboren; seine Kindheit verbrachte er in Denver, Colorado. Im Alter von vier Jahren ereignete sich ein Schlüsselerlebnis, das belegte, daß der Junge nicht war wie andere Kinder seines Alters. Harvey hatte offensichtlich eine sadomasochistische Ader. Damals überraschte ihn seine Mutter, als er mit heruntergelassener Hose auf einem Stuhl in seinem Zimmer saß, mit einer Schnur um seinen Penis gewickelt. Das lose Ende lag in einer Schublade, wogegen er sich mit dem Rücken gelehnt hatte.

Die Mutter schenkte dem Vorfall keine größere Beachtung, auch sein Vater nicht, der ihn wiederholt beim Masturbieren überraschte. Er gab seinem Sohn lediglich den Hinweis, daß Selbstbefriedigung Akne hervorrufe, falls sie zu häufig praktiziert würde.

Weil der Junge abstehende Ohren, hervorquellende Augen und übermäßig dicke Lippen hatte, wurde er von seinen Klassenkameraden häufig gehänselt und von den Mädchen gemieden. Oft nannten sie ihn *»Affe«* oder *»kleiner Gorilla«,* weshalb sich der Junge immer mehr von seiner Umgebung zurückzog und zum verschlossenen Einzelgänger wurde. Selbst seine Verwandten sahen verächtlich auf ihn herab.

Dabei war Harvey Glatman sehr intelligent, sein IQ soll bei 130 gelegen haben. In der Schule war er brav und ruhig; er zeichnete sich sogar durch sehr gute Leistungen aus. Da ihm Mädchen und Frauen wegen seines abstoßenden Äußeren bewußt aus dem Weg gingen, kapselte er sich noch mehr ab und versuchte, seine sexuellen Bedürfnisse selbst zu befriedigen. Dazu kam eine neue Variante. Immer öfter band er sich einen Strick um den Hals, warf das freie Ende über ein Rohr oder einen Sparren und zerrte dann mit einer Hand an dem Strick, während er mit der anderen onanierte. Dabei schnappte er verzweifelt nach Luft und wähnte sich der Erstickung nahe, was ihm einen enormen Adrenalinschub bescherte. Die Fachwelt spricht in solchen Fällen von »autoerotischer Asphyxie«, die nicht zwangsläufig mit Masochismus gleichgesetzt werden darf.*

Bereits als Jugendlicher landete Harvey wegen mehrfacher Entführung und sexuellen Mißbrauchs im Gefängnis;

---

* Unter einer Asphyxie versteht man einen drohenden Erstickungszustand durch Absinken des arteriellen Sauerstoffgehalts bei gleichzeitigem erhöhtem Kohlendioxidgehalt im Blut. Dadurch entsteht im Hirnstamm eine erhebliche Erstickungsangst.

außerdem hatte er Einbrüche und Diebstähle verübt. Nach nahezu zehn Jahren Haft wurde er 1951 als 24jähriger entlassen. Trotz eindeutiger »Vorzeichen«, derentwegen er auch mehrfach in Kliniken psychiatrisch behandelt worden war, entließ man ihn immer wieder. Zuletzt waren die »Fachgutachter« einhellig der Meinung, daß der Patient tatsächlich geheilt sei.

Harvey Glatman ging nach Los Angeles, wo er eine Reparaturwerkstatt für TV-Geräte eröffnete. Im Gefängnis hatten zahlreiche pornographische Magazine seine wilden erotischen Phantasien beflügelt, weshalb er nun über Zeitungsinserate nach geeigneten Frauen suchte, die er vergewaltigen und umbringen wollte. Dabei gab er sich zunächst als Johnny Glynn, als professionellen Fotografen einschlägiger Nacktmagazine, aus und gab vor, nach begabten Anfänger-Modellen zu suchen, die natürlich gut bezahlt würden.

Als sich die 19jährige Judy Ann Dull, die unbedingt Model werden wollte, bei ihm meldete, lud er die ausnehmend attraktive blonde Frau am 1. August 1957 in seine Wohnung ein. Es sei üblich, vorab ein paar wichtige Sachen zu klären und *»ein paar Probefotos«* zu schießen. Die Frau zögerte zunächst, sagte dann aber doch zu, weil sie wegen des Sorgerechtstreites mit ihrem Ex-Mann auf nahezu alle möglichen Einnahmen angewiesen war. Ein Anwalt war teuer, aber ihr 14 Monate altes Töchterchen war es ihr wert. Glatman alias Glynn stellte ihr überdies in Aussicht, entsprechende juristische Fragen an einen versierten Anwalt richten zu können, der gleichfalls erscheinen würde.

In der Wohnung machte er tatsächlich zuerst ein paar harmlose Fotos von ihr. Danach aber vergewaltigte er sie brutal mit vorgehaltener Waffe. Anschließend fesselte und knebelte er sie und fotografierte sie erneut – diesmal in perversen Stellungen. Als er mit ihr fertig war, fuhr er mit ihr in ein nördlich von Indio gelegenes Wüstengebiet. Judy flehte ihn unter Tränen um Gnade an und versicherte ihm, kein Sterbenswörtchen von dem Vorfall zu verraten, falls er sie am Leben lasse. Doch Glatman erwürgte die junge Frau und verscharrte sie. Lynn Lykles, eine Wohnungsnachbarin von Judy Ann Dull, konnte der Polizei zwar erzählen, daß ein Fotograf namens Johnny Glynn mit ihr weggefahren war, doch die Fahndung nach ihm sowie alle weiteren Nachforschungen verliefen im Sande, weil der Name nicht existierte. Erst fünf Monate nach dem Verbrechen wurde Judy Ann Dulls Leiche etwa 130 Meilen östlich von Los Angeles von einem Rancharbeiter und dessen Hund entdeckt.

Volle acht Monate hielt sich der Mörder unter Kontrolle, bis er sich im März 1958 über eine Vermittlungsagentur mit der 24jährigen Shirley Bridgeford verabredete, einer geschiedenen Frau mit zwei Kindern. Diesmal hatte er sich als »George Williams« vorgestellt. Er fuhr mit der

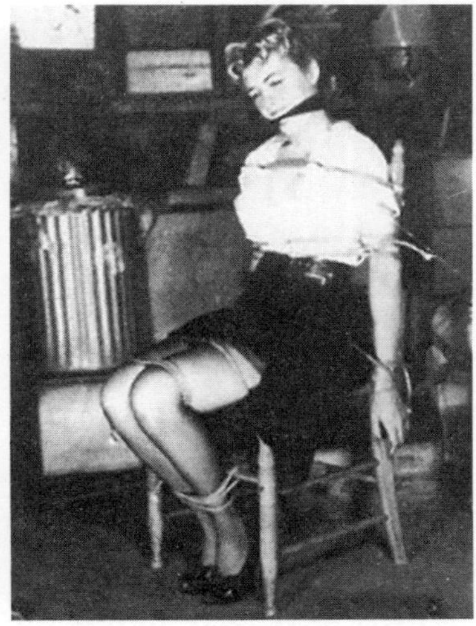

Judy Ann Dull.

Ahnungslosen in ein Wüstengebiet bei San Diego, fesselte und fotografierte sie, vergewaltigte sie mehrfach und erdrosselte sie letztlich. Die Leiche bedeckte er notdürftig mit Gestrüpp.

Vier Monate später, im Juli 1958, fand er in der 23jährigen Ruth Mercado sein drittes Opfer. Diese Frau arbeitete unter dem Pseudonym »Angela Rojas« als Stripperin und Nacktmodell. Glatman suchte sie – wie es in der Zeitung inseriert war – in ihrer Wohnung auf. Die Frau verspürte schon beim ersten Anblick des Mannes ein beklemmendes Gefühl. Die zusammengekniffenen Augen hinter der dicken Hornbrille und die riesigen abstehenden Ohren, die sie an Dumbo den Elefanten erinnerten, waren nicht besonders vertrauenerweckend. *»Haben Sie keine Kamera dabei?«* fragte sie irritiert. *»Die ist ... äh ... im Auto«,* stammelte der Besucher. *»Na gut, warten Sie eine Weile, ich habe noch ...«*

Die Frau kam nicht weiter, denn er zauberte wie aus dem Nichts eine Pistole hervor und hielt sie ihr ans Kinn. Es war eine 0,32er Browning Automatic. *»Wo ist dein Schlafzimmer?«* fragte er erregt, *»gehen wir hinein. Los, geh voran, du Miststück!«* Er schob sie wie eine Marionette vor sich her in den Raum und drängte sie dann auf ihr Bett. Er verlangte, daß sie sich ausziehe. Ruth bemerkte, wie diese Szene ihn psychisch aufwühlte, wie Glatman zu schwitzen begann, wie sich seine Elefantenohren röteten und die dicken Lippen zitterten.

»Tun Sie mir nichts!« flehte die Frau, doch der Fremde beachtete die Worte nicht. Er fesselte und vergewaltigte sie. Als er später entspannt neben ihr lag, sagte er plötzlich: *»Ich habe eine Idee. Zieh dich wieder an, wir machen ein Picknick!«*

Ruth Mercado glaubte, ihren Ohren nicht trauen zu dürfen. *»Was? Jetzt noch? Es ist doch bereits nach Mitter-*

nacht«, entgegnete sie ungläubig. *»Eben drum! Das wird eine ganz romantische Sache. Ich mache dich los, wenn du versprichst, nicht zu schreien.«* Die Frau machte gute Miene zum bösen Spiel. *»Na gut, ich verspreche es.«* Glatman dirigierte sie nach draußen zu seinem Wagen, einem verbeulten schwarzen Dodge-Cornet, und ließ sie einsteigen. Als sie die Kamera bemerkte, wurde sie wieder etwas ruhiger. Sie beschloß zu fliehen, sobald sich eine Gelegenheit dazu ergeben sollte.

Glatman fuhr erneut in das Wüstengebiet bei San Diego, hielt sich mit ihr bis zum darauffolgenden Tag dort auf, wobei er sie immer wieder fotografierte. Nachdem er sie noch einmal vergewaltigt hatte, brachte er sie am Abend um.

Am 27. Oktober 1958 holte er als »Frank Johnson« die 27jährige Lorraine Vigil an einem vereinbarten Treffpunkt ab. Er fuhr mit ihr auf eine einsame Straße bei Santa Ana und versuchte dort, sie mit vorgehaltener Waffe zu fesseln. Die Frau setzte sich jedoch erbittert zur Wehr, weshalb ihr Glatman in den Oberschenkel schoß. Ihm entfiel die Waffe

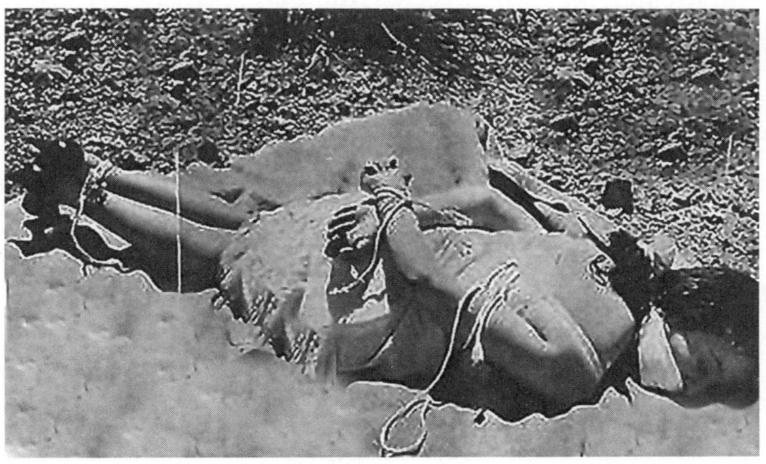

Ruth Mercado.

und Vigil gelang es, aus dem Auto zu springen. Tom Mulligan, ein zufällig des Weges kommender Streifenpolizist, sah die verletzte Frau und verhaftete den Täter auf der Stelle. Er sagte später: *»Der Mann schaute mich an wie ein Wahnsinniger. Diesen Blick werde ich nie vergessen, nie.«*

Auf dem Santa Ana-Polizeirevier wies er sich als der 30jährige Harvey Murray Glatman aus. Er betreibe ein TV-Reparaturgeschäft, gab er zu Protokoll. Bei der Durchsuchung der Wohnung des Verhafteten fand man jede Menge Pin-up-Fotos, auf denen gefesselte und geknebelte Frauen zu sehen waren. Glatman gestand, daß er zu normalem Geschlechtsverkehr immer erst dann in der Lage gewesen war, wenn er seine »Partnerin« gefesselt und geknebelt hatte. Die Ermittlungen ergaben zweifelsfrei, daß er die drei Frauen Judy Ann Dull, Shirley Bridgeford und Ruth Mercado ermordet hatte.

Nach dem Prozeß, der am 3. November 1958 begann, wurde Harvey Glatman, der »Killer der einsamen Herzen« *(»Killer of lonely hearts«),* aufgrund erdrückender Beweise von Richter William T. Lowe* zum Tode verurteilt und am 18. September 1959 in der Gaskammer des Gefängnisses von San Quentin hingerichtet. Seine letzten Worte waren: *»Es ist besser so! Ein schneller Tod ist mir lieber, als ein Leben hinter Gittern verbringen zu müssen.«* Mutter Ophelia hatte bis zuletzt zu ihm gehalten. *»Mein Sohn ist kein Teufel«,* sagte sie immer wieder, *»er ist einfach nur krank.«*

---

* In einer anderen Quelle (*Murder Casebook*) heißt es, daß Richter John A. Hewicker den Vorsitz gehabt habe.

MORD AUS NERVENKITZEL

Der Fall Richard Fran Biegenwald (1958–1983)

»Es ist soweit. Ich habe es getan. Komm mit mir.«

Der im Jahre 1940 auf Staten Island, New York, geborene Richard Fran Biegenwald verbrachte eine schreckliche Kindheit. Der alkoholkranke Vater Alfred verprügelte ihn von kleinauf bei jeder Gelegenheit, Mutter Sally konnte ihren Mann nicht davon abhalten. So kam es, daß der Kleine im Alter von fünf Jahren die Wohnung der Familie in Brand setzte, woraufhin er zur Beobachtung in das »Psychiatrie-Zentrum Rockland« eingewiesen wurde. Später sollte er in Besserungsanstalten und psychiatrischen Kliniken immer wieder therapiert werden.

Bereits mit acht Jahren war er zum Alkoholiker und notorischen Glücksspieler geworden, den man schließlich nur noch mit Hilfe von experimenteller Elektroschockbehandlung glaubte heilen zu können. Doch die Fachleute irrten sich. Biegenwald war offensichtlich unheilbar. Wenn er seine Mutter auf Staten Island besuchte, stahl er ihr Geld. Mit elf Jahren beging er einen Selbstmordversuch, indem er sich selbst anzündete. Im Alter von 16 Jahren schloß er die achte Klasse erfolgreich ab und wurde aus der Anstalt entlassen, um eine High School zu besuchen. Diese brach er jedoch bereits nach wenigen Wochen wieder ab. Kurz darauf zog er nach Nashville in Tennessee, wo er zwei Jahre lang lebte. Nachdem er ein Auto gestohlen hatte und damit nach Kentucky gefahren war, wurde er von Agenten des FBI (Bundespolizei) unter der Anklage festgenommen, einen gestohlenen Wagen über die Grenze eines Bundesstaates transportiert zu haben. Erneut wurde er in eine Besserungsanstalt gesteckt.

Biegenwald war gerade einmal 17 Jahre alt und wieder in die Freiheit entlassen, als er erneut ein Auto stahl. Gemeinsam mit einem Freund raubte er in New Jersey ein Lebensmittelgeschäft aus und tötete dabei den Inhaber Stephen Sladowsky. Auf seiner Flucht schoß er blindlings auf die Polizisten, die sein Fahrzeug anhalten wollten; einen traf er tödlich. Nach seiner Festnahme wurde er wegen dieses Mordes zu einer lebenslangen Haftstrafe verurteilt, bereits im Jahre 1975 jedoch wieder auf Bewährung entlassen.

Als er mit 35 Jahren wieder frei war, hatte er bereits etwas mehr als die Hälfte seines Lebens im Gefängnis verbracht. Auf zwei Dinge verstand er sich inzwischen bestens: auf das Töten von Menschen und auf Diebstahl. Während er sich mit Gelegenheitsjobs behalf, über die Runden zu kommen, verführte er ein 16jähriges Mädchen namens Diane.

Als er 1980 wegen Vergewaltigung wieder einmal verhaftet wurde, heirateten er und Diane Merseles im Gefängnis. Weil ihn das Vergewaltigungsopfer nicht zweifelsfrei als Täter identifizieren konnte, wurde die Anklage gegen Biegenwald wieder fallengelassen. Trotzdem mußte er sechs Monate im Gefängnis verbringen, weil er gegen die Bedingungen einer Bewährungsauflage verstoßen hatte.

Nach der Entlassung im Februar 1981 zog das Paar zunächst nach Pleasant Beach. In New Jersey fand Biegenwald eine Anstellung in Asbury Park. In dieser Gegend verschwanden zwischen 1974 und 1983 zahlreiche junge Frauen spurlos. Die Behörden widmeten diesen Fällen nicht viel Aufmerksamkeit, da sie davon ausgingen, daß die Frauen bald wieder auftauchen würden. Wegen Drogenkonsums oder Drogenabhängigkeit waren schon viele von zu Hause ausgerissen.

Eines Tages gestand Biegenwald Teresa Smith, einer Freundin seiner Frau, gegenüber, daß er immer öfter von blutigen Mordphantasien geplagt werde. Da er diesen nicht mehr länger standhalten könne, ermutigte er sie, *»für ihn ein Opfer auszusuchen«,* das er töten würde. In der Nacht zum 27. August 1982 setzte Biegenwald das schreckliche Vorhaben in die Tat um. An diesem Tag hatte sich die 18jährige Anna Olesiewicz mit einer Freundin in Asbury Park getroffen. Die Freundin ging auf die Toilette, Anna wartete. Als die Freundin zurückkehrte, war Anna verschwunden. In der Nacht weckte Biegenwald Teresa und eröffnete ihr: *»Es ist soweit. Ich habe es getan. Komm mit mir.«*

Er führte Teresa in eine Garage. Dort lag die Leiche einer jungen brünetten Frau. Er verlangte von ihr, daß sie die Tote berühren und ihm schildern solle, was sie dabei fühle. Er erzählte Teresa, daß er das Opfer in sein Auto gelockt habe, indem er ihm Drogen in Aussicht gestellt hatte. *»Danach habe ich ihr ein paarmal in den Kopf geschossen«*, fügte er hinzu. Biegenwald streifte der Toten einen Goldring ab, den er Teresa anbot. Doch die übergab ihn ein paar Tage später Biegenwalds Frau.

Am 14. Januar 1983 wurde die Leiche der Anna Olesiewicz in Ocean Township, in der Nähe von Asbury Park, von spielenden Kindern auf einem bewaldeten Grundstück aufgefunden. Sie wies keinerlei Anzeichen sexuellen Mißbrauchs auf. Die Gerichtsmediziner hatten im Kopf vier Kugeln festgestellt. Als Teresa Smith in der Zeitung von dem Goldring las, entschloß sie sich, zur Polizei zu gehen, worauf am 22. Januar 1983 Biegenwalds Haus durchsucht wurde. Dabei entdeckte man Marihuana, das Hypnotikum und Beruhigungsmittel Rohypnol, eine Rohrbombe, Faustfeuerwaffen, ein Maschinengewehr, jede Menge Munition und eine lebende Puffotter *(Bitis arietans)**. Überdies fand man Grundrißzeichnungen verschiedener Geschäftsviertel. Biegenwald und sein Freund Dherran Fitzgerald, der zufällig anwesend war, wurden festgenommen.

Fitzgerald gab rasch zu, daß er Biegenwald dabei behilflich gewesen war, die Leiche der Toten nach Ocean Township zu schaffen. Er gestand außerdem, mitgeholfen zu haben, eine andere junge Frau im Garten des Hauses der Biegenwalds auf Staten Island zu vergraben. *»Er hat zu mir gesagt, daß er diese beiden jungen Frauen umgebracht hat.«* Beim Graben sei man auf die Reste einer weiteren Leiche gestoßen, die Biegenwald schon früher dort vergraben hatte. Fitzgerald führte die Polizei schließlich zu drei weiteren Leichen. Ein neuntes Opfer wurde in einem flachen Grab in Neptune City gefunden. Es handelte sich um den 34jährigen William Ward, einen ehemaligen Häftling

* Afrikanische Giftschlange aus der Familie der Vipern.

und Polizeispitzel, den Biegenwald mit fünf Kugeln in den Kopf getötet hatte. Tatwaffe war stets eine Pistole der Marke Beretta gewesen.

Schließlich stellte sich heraus, daß Biegenwald außerdem für die Entführung und Ermordung der 17jährigen Betsy Bacon verantwortlich war. Bei diesem Mädchen handelte es sich um die Tochter eines Mafioso, der auf die Ergreifung des Täters ein Kopfgeld von 100.000 Dollar ausgesetzt hatte. Die am 20. November 1982 verschwundene Betsy wurde am 15. April 1983 in Tinton Falls, New Jersey, tot aufgefunden.

Die Beweismittel reichten bei fünf Mordfällen für eine Anklage: Anna Olesiewicz, 18; Maria Ciallella, 17; Deborah Osborne, 18; Betsy Bacon, 17 und William Ward, 34.

Sally Biegenwald, die mittlerweile 68jährige Mutter des Mörders, konnte und wollte es nicht glauben. *»Nur Gott im Himmel weiß«*, sagte sie, *»was er getan hat und was für Gründe er gehabt hat. Aber er ist und bleibt mein Sohn*

Links: Biegenwald wird zum Gericht eskortiert.
Rechts: Biegenwald im Gericht von Monmouth County.

und ich werde mich immer um ihn kümmern und ihn auch weiterhin besuchen. Ich denke, daß die Liebe einer Mutter groß genug ist, alles zu verzeihen.«

Die fachärztlichen Untersuchungen ergaben, daß Biegenwald an einer schweren Persönlichkeitsstörung litt. Sie stuften ihn als eine *»antisoziale Persönlichkeit mit paranoiden Zügen«* ein. Im Gutachten hieß es schließlich: *»Es fehlt ihm die emotionale – nicht die mentale – Fähigkeit, sein Verhalten mit dem Gesetz in Einklang zu bringen.«* Das Gericht verurteilte ihn daher *»zum Tode durch Giftspritze«*. Nach zwei Klagen vor dem Obersten Gerichtshof der USA wurde die Strafe jedoch in eine lebenslängliche Haft umgewandelt. Während der Haft behauptete Biegenwald Wärtern gegenüber mehrfach, daß er in den Staaten New York, Pennsylvania, New Jersey und Maryland insgesamt *»um die 300 Frauen«* umgebracht habe. Die Polizei ging allerdings davon aus, daß es sich hierbei um Phantasiebehauptungen des »Mörders aus Nervenkitzel« (»Thrill Murderer«), handeln dürfte.

Der im Verfahren gegen Biegenwald als Kronzeuge aufgetretene Fitzgerald, dessen Aussagen ganz entscheidend zum Urteil beigetragen hatten, wurde lediglich wegen illegalen Waffenbesitzes und Beihilfe zum Mord in jeweils einem Fall angeklagt. Er erhielt eine zehnjährige Haftstrafe, nach deren Verbüßung er 1994 entlassen wurde. Richard Fran Biegenwald dagegen starb am 10. März 2008 im Alter von 67 Jahren im St. Francis Medical Center in Trenton.

TODESSCHÜSSE AN DER UNIVERSITÄT

Der Fall Charles Joseph Whitman (1966)

»Meine Mutter ist jetzt im Himmel, wenn es einen solchen gibt.«

Zur selben Stunde, als Richard Speck, die »Bestie von Chicago«*, vom Untersuchungsrichter hörte, daß er des achtfachen Mordes angeklagt werde, wütete in den USA noch ein anderer Massenmörder: In Austin, im Bundesstaat Texas, streckte der 24jährige Architekturstudent Charles Joseph Whitman vom Aussichtsplateau der Universitätsbibliothek aus zwölf Menschen nieder.

---

* Vgl. Kapitel *Bestien in Menschengestalt*. Der Fall Richard Speck 1966.

Das grauenhafte Blutbad hatte bereits am frühen Morgen begonnen. Whitman hatte in seiner Wohnung seine 23jährige Frau erschossen und sich anschließend mit einem Messer auf seine Mutter gestürzt, die er mit mehreren Stichen tödlich verletzte. Bei den Leichen fand die Polizei einen Zettel, den der Mörder hinterlassen hatte: *»Meine Mutter ist jetzt im Himmel, wenn es einen solchen gibt. Ich habe sie und meine geliebte Frau getötet, damit sie die Schande nicht ertragen mußten, die ich über die Familie zu bringen entschlossen war.«* Aus den Notizen ging nach Mitteilung der Polizei zudem hervor, daß Whitman an Depressionen, nur mühsam zu unterdrückender Gewalttätigkeit und außergewöhnlichen Kopfschmerzen gelitten haben muß.

Nach dem Mord an seinen Angehörigen ging Whitman in einen Waffenladen und kaufte sich eine Schrotflinte, deren Lauf er absägte. Anschließend stellte er ein Arsenal von drei Karabinern, drei Pistolen und drei Messern zusammen. Diese Waffen packte er zusammen mit Butterbroten und Getränken in einen Lebensmittelbehälter. Mit diesem Gepäck fuhr er zur Universität und sagte zum Portier: *»Ich bin Handwerker und muß in den 27. Stock des Bibliotheksturmes.«*

Daraufhin wurde er vom Aufzugsführer hinaufbefördert. Als Whitman den Lift verließ, sagte er zu dem Burschen, der den Lift bediente: *»Laß dich hier oben nicht mehr blicken, es könnte gefährlich für dich sein!«*

Er verbarrikadierte sich vor einem Fenster und schoß wahllos auf den Vorhof der Universität, den er schnell in ein Schlachtfeld verwandelte. Der Rundfunk unterbrach sogleich sein Programm und riet der Bevölkerung, sich nicht in die Nähe der Universität zu begeben. Dies hörte auch der Polizist Ramiro Martinez, der zu Hause noch seinen Garten bestellte, bevor sein Dienst begann. Er raste sofort zur Universität und schlich sich gemeinsam mit dem Polizeioffizier Houston McCoy zum Turm hinauf. Sie brauchten länger als eine Stunde, bis sie den Massenmörder zu Gesicht bekamen.

Während sich McCoy für Whitman bemerkbar machte, brachte sich Martinez in günstige Schußposition. Der Massenmörder wandte sich McCoy zu. In diesem Augenblick schoß Martinez das Magazin seiner Pistole auf Whitman leer. Dieser ließ seine Schrotflinte fallen und brach schwerverletzt zusammen. Auf dem Transport ins Krankenhaus starb Charles Joseph Whitman. In seinen Taschen wurde die Aufputschdroge Dexodrine gefunden, ein stark enthemmendes Mittel.

80 Minuten lang hatte der Mordschütze sein tödliches Feuer vom höchsten Gebäude der Stadt Austin aus verbreiten können, ehe er unschädlich gemacht werden konnte. Polizeichef Bob Miles räumte anschließend ein, daß die Polizei keine wirksame Gegenwehr habe organisieren können.

Die Rekonstruktion der Kriminalisten ergab folgendes Bild: Nachdem Whitman seine Angehörigen getötet hatte, war er mit einem Schubkarren, in dem seine Waffen versteckt waren, auf die Aussichtsplattform gefahren. Dort erschoß er die Aufsichtsperson sowie eine Frau und deren zwei Kinder. Nach zehn Minuten eröffnete er wahllos das Feuer auf Studenten und Professoren, die gerade aus der Vorlesung kamen. Bei 40 Grad im Schatten mußten die 30 Verletzten auf dem Universitätshof liegengelassen werden, weil die Rettungsmannschaften nicht gefahrlos zu ihnen vordringen konnten. Tödlich getroffen wurden sechs Studenten, ein Professor und eine Universitätsangestellte. Zu den Ermordeten rechnete die Polizei auch ein ungeborenes Kind, das infolge eines Treffers im Mutterleib verstarb. Die Frau kam schwerverletzt ins Krankenhaus und überlebte.

Was wußte man von seiner Biographie? Charles Joseph Whitman war der Sohn eines wohlhabenden Installateurs in Lake Worth, Florida. Schon als kleiner Junge war ihm der Umgang mit Waffen vertraut, da sein Vater leidenschaftlicher Jäger war. Frau Whitman erzog ihren Jungen streng religiös, ging mit ihm jeden Sonntag in die Kirche und veranlaßte ihn schließlich, Ministrant zu werden. Letztlich schloß er sich auch einer Pfadfindergruppe an.

Mit 18 Jahren trat er als Freiwilliger dem amerikanischen Marinekorps bei. Bei der Armee zeichnete er sich vor allem als Scharfschütze aus, wurde jedoch verschiedentlich wegen disziplinarischer Verstöße gemaßregelt und schließlich zum einfachen Soldaten degradiert, was ihn außergewöhnlich verletzt haben dürfte. Freunde bestätigten, daß Whitman stets anständig, zurückhaltend, höflich und zuvorkommend gewesen sei. Ein Freund der Familie sagte über ihn: *»Er war so, wie man sich seinen eigenen Sohn wünscht. Er liebte Kinder und hatte Familiensinn.«*

Von der Universität in Austin, an der der Massenmörder Architektur studiert hatte, wurde erklärt, daß sich Whitman wegen starker Kopfschmerzen gelegentlich in die Behandlung eines Psychiaters begeben habe. Es hätte jedoch keine Anzeichen dafür gegeben, daß er an einer gefährlichen Geisteskrankheit leide. Bei der Obduktion seiner Leiche wurde jedoch ein haselnußgroßer Tumor im Gehirn entdeckt. Ob dieser das entsetzliche Verbrechen ausgelöst hatte oder nicht, konnte nicht mehr geklärt werden. Fest steht, daß das Schicksal gnädig mit Whitman verfahren war. Der Tod hat ihm einen umfangreichen Prozeß und vermutlich auch eine lebenslange Freiheitsstrafe erspart.

DER MÜLLSACKMÖRDER VON LOS ANGELES

Der Fall Patrick Wayne Kearney (1968–1977)

»Es sind Dutzende von Jungen und jungen Männern gewesen.«

Patrick Wayne Kearney wurde am 24. September 1939* in Los Angeles geboren und war der jüngste von drei Söhnen. Er wuchs in einer durchschnittlichen Familie auf und verbrachte auch einige Zeit in Texas. Patrick war ein dünnes, kränkliches Kind und wurde während seiner Schul-

* In einigen Quellen findet man 1940 als Geburtsjahr.

Kearney vor dem Polizeiauto.

zeit oft gehänselt oder verprügelt. Schon in seiner Jugend kapselte er sich von der Umwelt ab und flüchtete häufig in eine blutige Phantasiewelt, in der ihn besonders das Töten von Menschen faszinierte. Nach einer kurzen Ehe ließ er sich wieder scheiden, weil er entdeckt hatte, daß er sich weit mehr zu Männern hingezogen fühlte. Seine Sexualpartner suchte und fand er bevorzugt im Großraum von Los Angeles und San Diego, Kalifornien, sowie im mexikanischen Tijuana. Als ehemaliger Angehöriger der Luftwaffe fand er eine Arbeitsstelle als Luftfahrtingenieur bei Hughes Aircraft.

Der nachstehende Fall begann offiziell am 13. April 1975, als die verstümmelten Leichenteile des 21jährigen Albert Rivera in der Nähe des kalifornischen San Juan Capistrano entdeckt wurden, im Prinzip jedoch bereits 1968.

Im November desselben Jahres wurden in den Bezirken Orange, Riverside und San Diego von Los Angeles fünf

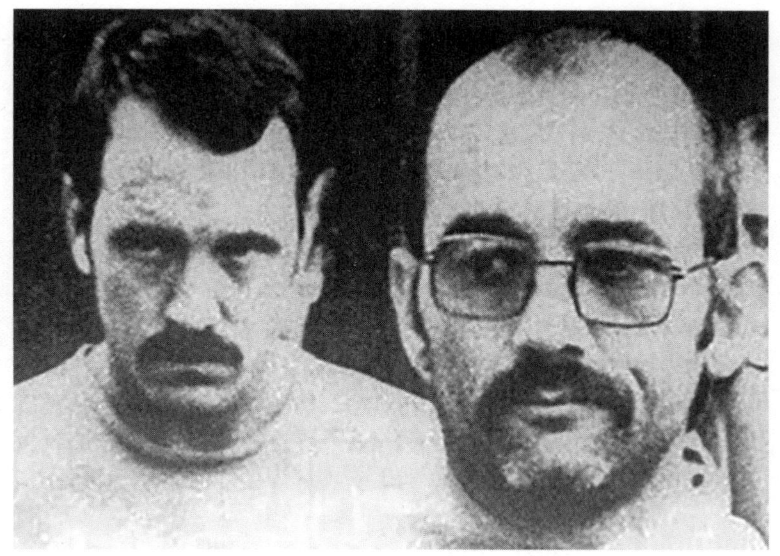

Kearney vor Gericht.

weitere Leichen und im März 1977 noch einmal zwei gefunden. Alle acht Opfer wiesen drei Gemeinsamkeiten auf: Es handelte sich ausnahmslos um Homosexuelle, alle waren nackt und allen war in den Kopf geschossen worden. Einige von ihnen fand man zerstückelt, einzelne Körperteile waren in Müllsäcke verpackt worden. Das mußte das Werk eines Serienmörders sein!

Kearneys späteren Aussagen zufolge lag der Ursprung der schrecklichen Mordserie in überhöhter Eifersucht. Sein Lebenspartner verließ nach Streitereien häufig die Wohnung und vergnügte sich dann mit anderen Männern. In solchen Nächten war Kearney enorm frustriert. Er setzte sich in sein Auto, fuhr in der Stadt herum und suchte nach einem Opfer, an dem er seine Wut auslassen konnte. Hatte er jemanden gefunden, lockte er den Ahnungslosen in seinen Wagen, fuhr an einen geeigneten Ort und erschoß ihn dort ohne zu zögern. Anschließend verging er sich an der Leiche, zerstückelte und »entsorgte« sie in Müllsäcken, was ihm auch den Beinamen »Der Müllsackmörder« (»The Trash Bag Murderer«) einbrachte. Manche Leichenteile legte er auch in der Wüste ab, wo er sicher sein konnte, daß die Überreste von Aas fressenden Tieren beseitigt werden würden. Deshalb war es auch unmöglich, die Leichen aller Opfer aufzuspüren. Immer wieder mußten die Ermittler den zynischen Kommentar Kearneys akzeptieren: *»Diese Leiche habe ich ›verwertet‹. Sie werden sie nicht wiederfinden.«*

Das erste Opfer soll ein gewisser George gewesen sein, der aber nie identifiziert werden konnte. Kearney hatte ihn um die Weihnachtszeit des Jahres 1968 getroffen, als sein Freund sich in Louisiana aufhielt, wo dieser wegen Landstreicherei verhaftet wurde. Nach dem Mord zerrte Kearney den Körper in sein Bad, zerstückelte ihn, zog ihm die Haut ab und begrub den Toten dann hinter seiner Garage. Das Skelett wurde erst im Juli 1977 gefunden. Wieder im Haus, nahm er ein ausgiebiges Bad und säuberte sich penibel von allen Blutspuren. Kearney sagte später, daß er sich bei seinem Vorgehen von Dean Corll* inspirieren lassen und über seine Morde allerlei Zeitungsausschnitte gesammelt habe.

So vermutete die Polizei, daß er etwa ab dem Jahr 1974 nahezu jeden Monat einen Mord begangen haben dürfte. Jüngstes Opfer sollte der fünfjährige Ronald Dean Smith gewesen sein, dessen Leiche am 12. Oktober 1974 in Riverside entdeckt worden war. Am 16. Juni 1976 hatte Kearney den 13jährigen Michael Craig McGhee getötet. Es folgten der 17jährige Kenneth Eugene Buchanan aus Lawndale,

---

* Vgl. Kapitel *Bestien in Menschengestalt*. Der Fall Dean Corll 1970–1973.

der 13jährige John Demchik aus Inglewood, der 20jährige Wilfred L. Feherty aus Redondo Beach und der 28jährige Nicolas Hernández-Jiménez aus Los Angeles. Das letzte bekannte Opfer war der achtjährige Merle Chance. Nur Patrick Kearney selbst weiß, wie viele Menschen er tatsächlich ermordet hat. Vor Gericht behauptete er später: *»Es sind Dutzende von Jungen und jungen Männer gewesen.«*

Dasjenige Opfer, das letztlich zu Kearneys Verhaftung geführt hatte, war der 17jährige John Lamay (gelegentlich auch LaMay geschrieben). Er wurde am Sonntag, dem 13. März 1977, getötet. Lamay ging aus und hatte zu Hause gesagt, daß er von einem gewissen Dave eingeladen worden sei. Dieser konnte später sehr schnell als David Hill ermittelt werden. Hill hatte nach seinem Abgang von der High School im Jahre 1960 in Lubbock, Texas, seinen Dienst in der US-Armee angetreten, war aber schon bald wieder entlassen worden, weil man bei ihm eine schwere Persönlichkeitsstörung festgestellt hatte. Er heiratete seine Jugendliebe. Zwei Jahre danach lernte er Patrick Kearney kennen, der ebenfalls bei der Luftwaffe in Texas gedient hatte, und verliebte sich in ihn. 1966 ließ sich Hill scheiden, um mit Kearney zusammenzuziehen. Das homosexuelle Paar bezog daraufhin eine gemeinsame Wohnung in Culver City, einem Vorort von Los Angeles.

Die Polizei fand rasch heraus, daß John Lamay des öfteren in Gesellschaft dieser beiden Männer gesehen worden war. Dazu kam ein merkwürdiger Hinweis des Lebensmittelladeninhabers Jerry Stevens. Dieser sagte aus, daß ihm Kearney aufgefallen sei, weil er bei ihm häufig große Fleischermesser gekauft habe, wobei ihn vor allem die *»Qualität des Stahls«* interessiert habe. Der Mann sei ihm als verschrobener Einzelgänger erschienen, in seiner Anwesenheit habe er stets ein *»geradezu unheimliches Gefühl«* verspürt.

Nach dem Verschwinden Lamays waren Kearney und Hill vorübergehend nach Texas gegangen, wo sie aber von Familienangehörigen dazu überredet wurden, wieder nach Los Angeles zurückzukehren und sich der Polizei zu stellen. Bei einer sorgfältigen Wohnungsdurchsuchung wurden unter anderem Fasern sichergestellt, die zu jenen Fasern paßten, die man an verschiedenen Leichen gefunden hatte. Die Ermittler fanden zudem eine blutige Bügelsäge, die zur Zerstückelung bestimmter Mordopfer verwendet worden war. Den noch nicht einmal 1,60 Meter großen Kearney hätte man – rein äußerlich betrachtet – nicht einmal ansatzweise für einen Serienmörder gehalten. Er wirkte absolut harmlos. Louis Danoff, ein Mitarbeiter des ermittelnden Sheriffs, sagte über ihn: *»Dieser Bursche hat den Grad eines ›Masters‹ in der Kategorie ›Mord‹ abgelegt.«*

Am 14. Juli 1977 wurde Patrick Wayne Kearney formell in zwei Mordfällen angeklagt, einer der beiden war der an John Lamay. Bereits einen Tag später unterschrieb er Geständnisse in insgesamt 28 Mordfällen*, von denen zwölf von den Ermittlern bestätigt werden konnten; letztlich ging man jedoch von annähernd 40 Opfern aus. Offenbar hatte er im Laufe der Zeit seine Vorgehensweise immer mehr »perfektioniert«, weshalb er effizienter wurde und häufiger Morde begehen konnte.

Erst im Jahre 1981 gestand Kearney auf direkte Befragung hin auch den Mord an dem 18jährigen Robert Bennefiel, den er im Jahr 1975 begangen hatte. Die Leiche war nie gefunden worden. Der Täter hatte sie angeblich auf einer Mülldeponie »entsorgt«. Marcia Born, Bennefiels Schwester, erklärte: *»Wenn Robert damals nicht allein, sondern mit seinem Bruder unterwegs gewesen wäre, dann wäre*

* Nach einigen Quellen sollen es 21 gewesen sein.

dieses Verbrechen vermutlich nicht passiert! Wie grausam das Schicksal sein kann!« Tragisch war aber auch, daß Kearney nicht einmal den Namen seines Opfers gekannt hatte. Erst als die Ermittler ihm ein Foto von dem jungen Mann vorhielten, erinnerte er sich.

Die gegen David Hill zunächst ebenfalls eingereichte Anklage wurde wieder fallengelassen, weil Kearney die alleinige Verantwortung auf sich genommen hatte. Das Beweismaterial war erdrückend. Die Staatsanwälte plädierten für eine lebenslange Haftstrafe wegen mindestens 18fachen Mordes. Am 21. Februar 1978 fällte das Oberste Gericht des Bundesstaates Kalifornien tatsächlich dieses Urteil, weil Kearney in allen Anklagepunkten schuldig gesprochen wurde.

Der inzwischen 75jährige verbüßt noch immer seine Haftstrafe im Mule Creek State-Gefängnis in Ione, südöstlich von Sacramento. Alle Anträge auf möglicherweise vorzeitige Entlassung auf Bewährung sind bislang abgelehnt worden.

DER LUSTMÖRDER VON OREGON

Der Fall Jerome Brudos
(1968–1969)

»... denke doch an die beiden Mädchen.«

Jerome (Jerry) Brudos wurde am 31. Januar 1939 in Webster, im Bundesstaat South Dakota, geboren. Er hatte noch einen älteren Bruder, Larry. Eigentlich hätte Mutter Eileen lieber ein Mädchen bekommen – das ließ sie ihn auch zeitlebens fühlen. Als er mit fünf Jahren auf einer Müllhalde spielte, fielen ihm ein Paar hochhackige Lackschuhe in die Hände. Dieser Fund sollte schicksalhaft für ihn werden. Als er sie zu Hause anprobierte, erwischte ihn seine Mutter und verlangte, daß er die Schuhe sofort wegwerfen solle. Doch der kleine Junge gehorchte ihr nicht, er versteckte sie lieber. Als die Mutter die Schuhe wiederfand, verbrannte sie die abnormen Objekte und bestrafte ihn.

Der harmlos erscheinende Vorfall löste bei ihm krankhaften Fetischismus aus, der letztendlich in Morden gipfelte. Jerome war gerade einmal 13 Jahre alt, als er gleichaltrige Mädchen mit einem Messer in der Hand zwang, mit ihm in eine Scheune seiner Eltern zu gehen und sich vor ihm nackt auszuziehen. Befolgten sie seine Anweisungen nicht, drohte er sie umzubringen. Erst fotografierte er die Mädchen, dann sperrte er sie in der Scheune ein, lief ins Haus, wechselte die Kleidung und änderte seine Frisur. In dieser neuen Aufmachung kehrte er zu seinen Gefangenen zurück und »befreite« sie. Er stellte sich den Mädchen als Ed vor und erklärte ihnen, daß er Jeromes Zwillingsbruder sei. Danach fragte er scheinheilig, was denn eigentlich passiert sei, und hörte sich an, wie die Mädchen von dem Vorfall erzählten. Er entschuldigte sich im Namen seines Bruders, riß den Film aus der Kamera und gab eine geradezu haarsträubende Geschichte zum besten, an deren Höhepunkt er offenbarte, daß Jerome dieses Spiel schon länger spiele und deswegen bereits in psychiatrischer Behandlung sei. Abschließend bat er die Mädchen, von dem Ganzen nur ja nichts zu erzählen, denn dies könnte für seine Familie unabsehbare, schlimme Folgen haben. Außerdem würde das Gerede einen beachtlichen Rückschlag in der Behandlung seines Bruders bewirken.

Jerome erzielte erstaunliche Erfolge mit seiner einfühlsamen Lügengeschichte, denn keines der Mädchen sprach jemals über die Vorfälle. Im Laufe der Zeit beging er auch verschiedene Einbrüche, ohne aber Wertgegenstände zu stehlen. Statt dessen ließ er Damenschuhe, gelegentlich auch Damenunterwäsche mitgehen. Zu Hause zog er die Sachen an und befriedigte sich seblst.

Es kam vor, daß er eine Frau mit einer Waffe bedrohte und sie zwang, ihre Schuhe auszuziehen. Jerome fotografierte sie dabei. Bald aber genügte ihm *»dieses harmlose Vergnügen«* nicht mehr. Wegen des letzterwähnten Vorfalles wurde Jerome Brudos in das Oregon State Hospital, eine psychiatrische Klinik, eingewiesen, aber bereits nach neun Monaten als geheilt entlassen.

Jerome ließ sich zum Elektriker ausbilden und jobbte in diesem Beruf. Im Jahr 1961 lernte er die 17jährige Darcie kennen, die er in Portland, Oregon, heiratete und mit der er zwei Kinder zeugte. Es war eine recht seltsame Ehe, denn wie man später erfuhr, zwang Jerome seine Frau, nackt die Wohnung zu putzen und dabei hohe Pumps zu tragen. Dann fotografierte er sie, während er selbst Damenunterwäsche trug. Wenn Darcie gegen diese Art von Fotos aufbegehrte und einwandte, daß sie nur bösem Gerede ausgesetzt werde, wenn man die Bilder im Atelier entwickle, beruhigte sie ihr Mann mit den Worten: *»Die schauen sich doch immer nur das erste und das letzte Bild eines Films an, da kannst du ganz ruhig sein. Denn die sind bei mir immer ganz harmlos.«*

Brudos führte ein eisernes Regiment. Seine Frau mußte immer nur das tun, was er von ihr verlangte. Widersetzte sie sich seinen Befehlen oder seinen Wünschen, rastete er aus. Schließlich ging sie ihm bewußt aus dem Weg und verbrachte immer öfter Tage und Wochen außer Haus, meist bei ihrer Familie. Zärtlichkeiten waren ihm fremd. Wollte sich seine Tochter Megan auf seine Knie setzen, so scheuchte er sie fort. Er ließ sie die gleiche Ablehnung spüren, die er zu Hause von seiner Mutter erfahren hatte. Die Einbrüche, um Schuhe und Unterwäsche zu erbeuten, setzte er fort. Am 26. Januar 1968 verübte Brudos seinen ersten Mord.

Linda Kay Slawson, eine 19jährige Buchverkäuferin, klingelte an seiner Haustür, weil sie glaubte, mit ihm einen Termin für den Verkauf eines Lexikons verabredet zu haben. Möglicherweise hatte sie sich in der Adresse geirrt. Brudos nutzte die Gelegenheit: Er zerrte die junge Frau ins Haus, schlug sofort auf sie ein und verschleppte sie in seinen Keller. Dort erwürgte er sie, zog sie aus und kleidete sie dann in Sachen, die er gestohlen hatte. Dabei behandelte er sie wie eine Schaufensterpuppe, wechselte nach Belieben ihre Kleidungsstücke und erfreute sich an dem Anblick.

Zuletzt trennte er ihr den linken Fuß ab, streifte einen seiner Stöckelschuhe darüber und legte ihn dann in eine Tiefkühltruhe. Die tote Frau kettete er an ein Autogetriebe, das er im Willamette River versenkte.

Brudos hatte die letzte Hemmschwelle überwunden. In der Folgezeit beging er drei weitere Morde und verfuhr immer grausamer. Eine der Unglücklichen wurde mit Elektroschocks gequält, einer anderen schnitt er die Brüste ab, machte einen Abguß davon und verwendete ihn als Briefbeschwerer. Hinzu kam, daß er seine Opfer vor und nach ihrem Tod schändete.

Am 10. Mai 1969 sah der Fischer Sam Wallace an der Bundy Bridge, die über den Long Tom River führt, ein Bündel im Wasser treiben. Als er es heraus holte, stellte er fest, daß es sich um eine aufgeblähte weibliche Leiche handelte, die in einen Mantel gehüllt war. Er verständigte die Polizei. Die Gerichtsmediziner erkannten, daß die Tote mit einer Nylonschnur stranguliert worden war. Weil der Körper offenbar schon sehr lange im Wasser getrieben hatte, war es zunächst nicht möglich festzustellen, ob die Frau vergewaltigt worden war. Merkwürdig kamen den

Ermittlern jedoch die verbrannten Hautstellen in den Achselhöhlen vor, die sie auf Anhieb nicht zu erklären wußten.

Schnell konnte die Ermordete identifiziert werden. Es handelte sich um die 22jährige Linda Dawn Salee, welche am 23. April zuletzt lebend gesehen worden war. Damals hatte sie ihren Arbeitsplatz verlassen und war seither verschwunden. Ihr VW Beetle stand in der Tiefgarage in der Nähe eines Einkaufszentrums, wo sie sich mit ihrem Freund, einem Rettungsschwimmer, verabredet hatte. Die Polizei suchte tagelang intensiv nach der jungen Frau, unter anderem auch im Fluß, doch zunächst ohne Erfolg.

Nur etwa 15 Meter von der Stelle entfernt, an der man Linda Dawn Salee gefunden hatte, wurde am 12. Mai eine weitere Leiche geborgen. Sie war versenkt worden, beschwert mit dem Zylinderkopf eines Fahrzeugs. Auf die Feststellung der Gerichtsmediziner hin, daß die Tote bereits seit etwa zwei Monaten im Wasser gelegen hatte, fand die Polizei heraus, daß es sich bei ihr um die 19jährige Studentin Karen Sprinker handelte. Das Mädchen war am 27. März 1969 spurlos verschwunden. Karens Eltern identifizierten die Tote bei ihrer Vorladung als ihre Tochter. Die Mutter hatte sie damals zum Essen eingeladen, doch dort war sie nie erschienen. Ihr Auto stand unverschlossen und unbeschädigt am Stellplatz in der Garage. Die Leiche war zwar bekleidet gewesen, doch der schwarze, übergroße BH war definitiv nicht ihrer. Beide Brüste waren abgeschnitten worden. An deren Stelle hatte der Mörder zusammengeknülltes braunes Papier gestopft. Auch in diesem Fall hatte ihm eine Nylonschnur dazu gedient, die junge Frau zu erwürgen.

Karen und Linda waren nur zwei von mindestens zwölf Mädchen, die innerhalb der letzten beiden Jahre in Oregon verschwunden waren. Bevor Linda Salee aus dem

Brillenträger Brudos.

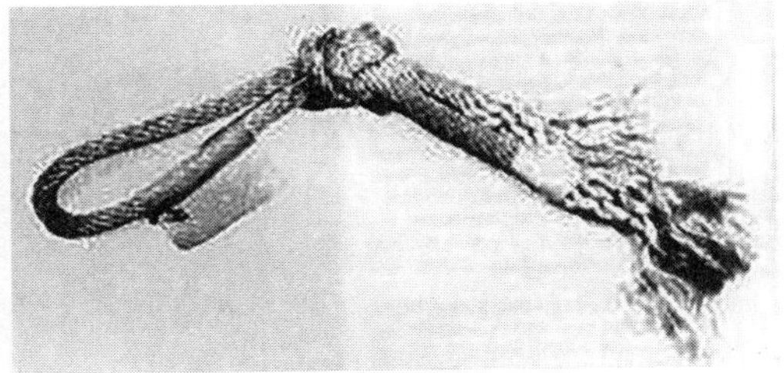

Mordschlinge.

Long Tom River gefischt worden war, hatte man lediglich ein einziges Mädchen gefunden: die 16jährige Stephanie Vilcko. Sie wurde seit Juli 1968 in Portland vermißt. Ihre bereits skelettierte Leiche war am Ufer eines Baches entdeckt worden.

Sehr merkwürdig war auch der Fall der 23jährigen Jan Whitney, die am 26. November 1968 auf dem Weg von Eugene nach McMinnvile, im Süden von Portland, verschwand. Ihr beschädigter Wagen stand am Rande des Highways. Detektiv Jim Stovall war mit den Nachforschungen betraut und fand schließlich heraus, daß in der Nähe des Corvallis Campus, etwa 80 Meilen südlich von Portland, mehrmals ein Fremder auffällig geworden war, der im Studentenwohnheim anrief. Am Telefon nannte sich dieser Mann *»Veteran des Vietnam-Krieges«* und fragte an der Rezeption nach x-beliebigen Mädchen, um sich mit ihnen zu verabreden. Wenn die Dates nicht zustande kamen, schien er verärgert. Der Beschreibung nach sollte dieser Mann in den Dreißigern gestanden haben, außerdem übergewichtig und sommersprossig gewesen sein. Aufgefallen war er vor allem aufgrund seines wenig einnehmenden Äußeren. Das Gesicht wurde als rundlich beschrieben und die eng zusammenstehenden Augen verliehen ihm offenbar ein verschmitztes, eher gerissenes Aussehen.

Die Polizei erkannte, daß hier ein Serienmörder sein Unwesen trieb. Die Ermittler vermeldeten alsbald erste Erkenntnisse: Der Täter mußte 20 bis 30 Jahre alt sein, seine Opfer waren durchweg sehr jung gewesen. Er war intelligent, was er durch sein Vorgehen und die Tötungen bewies. Vermutlich war er ein Elektriker, denn beim Fesseln verwendete er Kupferkabel, die er auf fachmännische Weise miteinander verknüpfte. Wahrscheinlich kam der Mörder aus einem harmoniebedürftigen Elternhaus, mit einer dominanten Mutter und einem willensschwachen Vater. Die Opfer waren geschändet worden, weil der Täter zur Mutter ein gestörtes Verhältnis habe. Soziale Kontakte schätzte er offenbar nicht; diese Abneigung reichte bestimmt schon sehr weit zurück. Er ging offenbar keiner geregelten Arbeit nach, denn die Mordopfer waren zu recht ungewöhnlicher Uhrzeit verschwunden.

Eines der Mädchen berichtete dem Detektiv Stovall von einer äußerst seltsamen Begegnung. Sie hatte sich auf ein Gespräch mit dem *»Vietnam-Veteranen«* eingelassen und mit ihm in der Lounge des Heims gesessen. Plötzlich hatte er ihr seine Hand auf die Schulter gelegt und gemurmelt: *»Sei traurig!« »Warum denn?«* fragte sie irritert. *»Nun, denke doch an die beiden Mädchen, die man tot aus dem Fluß gefischt hat«,* antwortete er. Seine spätere Einladung zu einer kleinen Spazierfahrt lehnte sie ab. Daraufhin fragte er sie direkt: *»Denkst du vielleicht, daß ich mit dir an den Fluß fahren könnte, um dich dort umzubringen?« »Ach was«,* wich sie ihm aus und alberte etwas herum. Dann ging der Fremde. Doch das Mädchen hatte ihm in Aussicht gestellt, eventuell beim nächsten Mal mit ihm wegzufahren.

Hier witterte Stovall eine Chance. Er beschloß, dem geheimnisvollen Fremden eine Falle zu stellen. Zu diesem Zweck bat er das Mädchen – falls der Mann noch einmal anrufen sollte –, mit ihm eine Verabredung zu treffen, gleichzeitig aber sofort die Polizei zu verständigen. Detektiv Stovall sollte Glück haben.

Am Sonntag, dem 25. Mai, ging die entsprechende Benachrichtigung auf dem Revier ein. Um das Mädchen keiner zu großen Gefahr auszusetzen, fanden sich mehrere Männer Stovalls vor Ort ein und nahmen den Mann unverzüglich fest. Dieser leistete keinen Widerstand; er war sich seiner Sache wohl sicher. Auf dem Revier gab er wahrheitsgemäß seine Daten zu Protokoll. Das Mädchen, erklärte er, habe er rein zufällig kennengelernt. Ein Blick in die Akten und das Archiv zeigte Jim Stovall schnell, daß sie den richtigen Mann geschnappt hatten. Alles paßte: Aussehen, der Status, der Beruf und die Vorstrafenliste. Außerdem war Brudos psychiatrisch behandelt worden.

Bei der anschließenden Durchsuchung des Hauses des Verdächtigen konnten zahlreiche Blutspuren und Hautreste der Opfer sichergestellt werden, außerdem Polaroids von den gefolterten und ermordeten Frauen. Auf einem davon war eine tote Frau zu sehen, die an einem Haken in der Garage aufgehängt worden war. Sie trug Jeromes Lieblingskleider und Lieblingsschuhe. Unter der Leiche war ein Spiegel angebracht worden, der ermöglichte, der Toten unter den Rock schauen zu können. Als er seinerzeit den Auslöser der Kamera bedient hatte, war ihm ein folgenschwerer Fehler unterlaufen: Der Fotograf fing ein Spiegelbild seiner selbst ein – mit diesem Beweis konnte Jerome Brudos zweifelsfrei überführt werden.

Als der Angeklagte einsehen mußte, daß man ihn für zurechnungsfähig halten würde, gestand er schließlich die drei Morde an Linda Kay Slawson, Linda Dawn Salee und Karen Sprinker. Jerome Brudos wurde deshalb zu einer lebenslänglichen Haftstrafe verurteilt, die er im Oregon

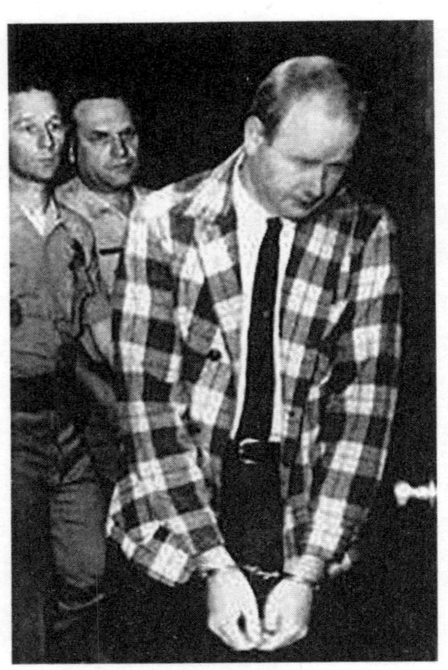

Brudos in Handschellen.

States Penitentiary (Staatsgefängnis) verbüßen sollte. Nachbarn hatten übrigens auch Brudos' Ehefrau Darcie belastet, sie sei ihrem Mann behilflich gewesen, *»eine oder mehrere Frauen gewaltsam ins Haus zu schaffen«*. Weil diese Anschuldigungen jedoch nicht bewiesen werden konnten, kam es zu keiner Anklage.

Am 28. März 2006 verstarb der *»Lustmörder von Oregon«*, wie man ihn in der Presse bezeichnet hatte, mit 67 Jahren in seiner Gefängniszelle an Leberkrebs.

DAS MASSAKER AM CIELO DRIVE

Der Fall Charles Manson (1969)

»Eines Tages werden mich alle Menschen fürchten, und jeder wird mir gehorchen!«

Am 9. August 1969 verkündeten die Schlagzeilen amerikanischer Zeitungen, daß in einem abgelegenen, ranchähnlichen Haus in der Nähe von Los Angeles fünf Menschen, darunter die Filmschauspielerin Sharon Tate, umgebracht worden waren. Ein hysterisch wirkender Hausmeister hatte die Polizei gerufen, die in der Folge zunächst einen jungen Mann namens Steven Earl Parent erschossen und mit mehreren Stichwunden in seinem Auto fand. Neben dem Auto in der Einfahrt lagen Abigail Folger und Vojtek Frykowski, die Freunde von Sharon Tate, auf dem Rasen. Beide wiesen zahlreiche Stichwunden auf, wobei man auf Frykowski noch zweimal geschossen hatte. Im Wohnzimmer des Hauses lagen die Friseurin Jay Sebring – sie war durch zwei Schüsse getötet worden – und die bildhübsche, zu diesem Zeitpunkt schwangere Sharon Tate. Sie war die Frau des Filmregisseurs Roman Polański. An die Tür des Wohnhauses hatte jemand mit Blut das Wort *»pigs«* (*Schweine*) gepinselt. Das Telefonkabel war zerschnitten worden.

Wenige Monate später erfuhr man im Verlauf dessen etwas schier Unglaubliches. Die Morde in Polańskis Haus waren von drei Mitgliedern einer Gruppe verübt worden, die sich selbst »Familie« nannte und zur Anhängerschaft des 34 Jahre alten Charles Manson zählte. Dieser Mann, der bereits eine Haftstrafe abgesessen hatte, erlag bei der Lektüre diverser Bücher aus der Gefängnisbibliothek der Faszination von schwarzer Magie und Okkultismus. Weder besonders begabt noch attraktiv, besaß Manson lediglich eine Gitarre und verfügte über einschlägige Erfahrung mit Frauen. Ab jenem Zeitpunkt aber sah er eine Chance, Macht über andere zu erlangen – Macht, von der er zeitlebens geträumt hatte. Er erprobte seine Willenskraft und den dämonischen Blick, parallel dazu ebenfalls Rhetorik und Gestik.

Manson veränderte sich. Seine Sprechweise wurde langsam und gewichtig, der Ton fest, entschieden und überzeugend. Irgendwann wollte er in der Lage sein, alle, die mit ihm zu tun hatten, beeinflussen, wenn nicht sogar lenken zu können. *»Eines Tages werden mich alle Menschen fürchten, und jeder wird mir gehorchen!«* war einer seiner Lieblingssprüche. Er sollte sich auf schreckliche Weise bewahrheiten. *»Der einzige Weg zu meinem Ziel führt über Hypnose!«* rief Manson und schickte sich an, diese Fähigkeit zu erlernen. Als Manson entlassen wurde, hatte sich sein Blick tatsächlich verändert. Er war erheblich selbstbewußter geworden und strahlte so etwas wie *»Erleuchtung«* aus. Unter den Mädchen von Los Angeles und San Francisco brauchte er nicht lange zu suchen. Sie

Sharon Tate.

kamen wie von selbst, liefen ihm nach und boten sich ihm ungeniert an. Eines von ihnen sagte später: *»Er hat uns gesagt, daß wir Teufel und Gott gleichzeitig sind, daß jedes Individuum Teil eines Ganzen ist. Mord gibt es nicht, denn, wenn man jemanden tötet, tötet man immer gleichzeitig auch sich selbst.«*

Da Manson selbst eher schwächlich wirkte und bei handgreiflichen Auseinandersetzungen niemandem Respekt einzuflößen vermochte, hielt er Ausschau nach einem athletischen jungen Leibwächter. Er fand ihn in dem 24jährigen früheren Studenten Charles Watson. Vor ihm und all seinen anderen Anhängern, die sich alsbald zu einer wilden und zügellosen Horde zusammengefunden hatten, entwickelte er fortan seine abenteuerlichen Ideen und Theorien. Die jungen Leute betrachteten ihn schon früh als ihren Anführer, als ihr »Familienoberhaupt«. Sie hörten ihm gebannt zu, hingen förmlich an seinen Lippen, beteten ihn an.

Für gewöhnlich ging es in den Gesprächen um Musik. Indirekt soll sie auch die schrecklichen Morde am Cielo Drive ausgelöst haben. Denn eines Tages wollte Manson bei Terry Melcher, dem Sohn von Doris Day, eine Platte aufnehmen lassen, doch Melcher lehnte ab. Er hatte damals im Haus des Filmregisseurs Polański gewohnt: Cielo Drive Nr. 10050... Und den Bewohnern dieses Hauses galt fortan der abgrundtiefe Haß des in seiner Eitelkeit gekränkten Manson. Dieses Haus wurde für ihn zum Symbol für eine Gesellschaft, mit der es abzurechnen und an der es blutige Rache zu nehmen galt.

Das Massaker an Sharon Tate und deren Freunden genügte ihm allerdings nicht. In der darauffolgenden Nacht ermordeten zwei seiner Leute und andere »Familienmitglieder« den Besitzer einer Supermarktkette namens Leno La Bianca und dessen Frau Rosemary – diesmal unter der Aufsicht ihres Anführers. Nachdem die Mörder ihre Opfer durch insgesamt 67 Messerstiche umgebracht hatten, gingen sie in die Küche und gönnten sich einen Imbiß. Dabei vergaßen sie nicht, La Biancas Hund zu füttern. Die »Familie« glaubte, daß man zu Tieren nett sein müsse.

Am gleichen Tag verschwanden noch zwei 23jährige Mädchen, Mary-Ann Wysocki und Patricia Wasch. Deren Leichen wurden erst im Verlauf einer großangelegten Suchaktion in einem unwegsamen Gelände aufgefunden, bei der eine weitere – unbekannte – Tote auftauchte. Die Mörder hatten ihnen die Köpfe abgeschnitten und ihre Herzen und Geschlechtsorgane herausgerissen.

Keines der sieben Opfer in dem Tate-La Bianca-Mordgeschehen war den Tätern persönlich bekannt gewesen. Sie hatten gemordet, weil Manson entschieden hatte: *»Jetzt ist es Zeit für ein ›helter-skelter‹ (Holterdiepolter)!«*

Was verstand er darunter? Es sollte der letzte Krieg auf Erden sein. Mit den Worten von Susan Atkins, einer der Mörderinnen: *»Es würden alle je gekämpften Kriege sein, einer gebaut auf dem anderen. [...] Man kann sich nicht vorstellen, wie es sein würde, mit anzusehen, wie jeder Mensch sich selbst verurteilt und dann seinen Zorn an jedem anderen Menschen auf der ganzen Welt ausläßt.«*

Manson glaubte, daß es ein Rassenkrieg zwischen Schwarz und Weiß sein werde, aus dem die Schwarzen als Sieger hervorgingen. Dann würden sie nach und nach einsehen, daß sie unfähig seien, die Welt zu regieren, und die Regierungsgewalt an Manson übergeben. Manson haßte die Schwarzen*, doch er haßte auch das weiße Establishment. Infolge der Abfuhr, die ihm Melcher erteilt hatte, hegte er großen Groll gegen das Showgeschäft in Hollywood, weil

---

* Möglicherweise hatte sein Vater, den Manson nicht kannte, »schwarzes« Blut in den Adern.

man seine Fähigkeiten als Popsänger dort nicht anerkannt hatte. Unter anderem glaubte Manson von sich, er sei *»der fünfte Beatle«*. In den Texten einiger Beatles-Songs fand er bedeutungsschwere Sätze, darunter einen mit dem Titel *Helter Skelter*. Manson glaubte, aus diesem Lied herauszuhören, daß ihn die Beatles baten, sie in London anzurufen. In einem anderen Lied, *Revolution 9*, hörte Manson die Beatles leise singen: *»Charlie, Charlie, gib uns ein Zeichen.«* Der Titel des Liedes paßte, wie er meinte, gut zu seiner Lieblingslektüre, dem 9. Kapitel des Buches der Offenbarung, das die Stelle enthält: *»und taten auch nicht Buße für ihre Morde, Zauberei, Hurerei und Dieberei.«* Diese Worte pflegte er den Familienmitgliedern immer wieder vorzusagen und flößte ihnen den Glauben ein, daß Mord rechtens sei: *»Es gibt weder das Gute noch das Böse. Es gibt kein Verbrechen, folglich gibt es auch keine Sünde.«* Nach Mansons Ansicht war der Tod belanglos. Er bedeutete nur eine *»Veränderung«*, denn die Seele könne nicht sterben.

Obwohl sie ihm zu Füßen lagen, verachtete er Frauen. Ihr einziger Zweck bestehe darin, wie er oft sagte, dem Manne zu dienen und Kinder zu gebären. Aber er erachtete es als nützlich, sie in seiner »Familie« zu haben – als Köder für Männer. Jedes weibliche Mitglied mußte willens sein, auf Mansons Befehl hin sofort mit einem x-beliebigen Mann ins Bett zu gehen. Er selbst brüstete sich mit seiner sexuellen Tüchtigkeit, gab jedoch zu, Männer zu bevorzugen. Meist wollte er gar keine Frauen sehen und wußte sie lieber bei der Hausarbeit auf der abgewirtschafteten Ranch, wo die Familie lebte. Diejenigen, die Kinder hatten, durften – außer in einem unverständlichen Kauderwelsch – nicht mit ihnen sprechen, um zu enge Bindungen zu verhindern. Manson schlug seine Frauen oft und drohte ihnen, die Brüste abzuschneiden.

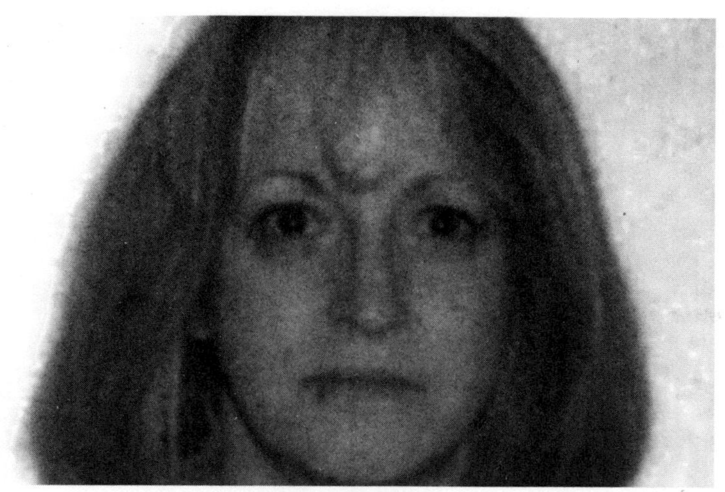

Susan Atkins im Jahre 2001.

Unbegreiflicherweise liebten ihn die Frauen dennoch; sie beteten ihn regelrecht an. Stephanie Schram beschrieb, wie sie einmal von Manson geschlagen wurde: *»Ich wollte nie, daß er mich schlug, aber ich wollte verändert werden, um die Dinge anders zu sehen. Und den einzigen Weg, den Charlie kannte, um mich so zu verändern, daß ich die Dinge anders sehen konnte, waren Schläge.«* Susan Atkins sagte zum leitenden Staatsanwalt Vincent Bugliosi, daß Manson, *»der einzige Mann«* gewesen sei, den sie jemals getroffen habe. *»Er läßt sich von den Frauen keine frechen Antworten geben. Er läßt sich von keiner Frau sagen, was er zu tun hat. Er ist ein Mann.«* Sie glaubten, er sei mehr als ein Mann, er sei Jesus Christus. Manson hat tatsächlich niemals behauptet, daß er Christus sei, aber er sagte, er habe schon vor zweitausend Jahren gelebt und sei am Kreuz gestorben. Was die Frauen daraus folgerten war ganz klar. Doch bezeichnete er sich selbst auch als *»Teufel«* oder *»Satan oder Seele«*.

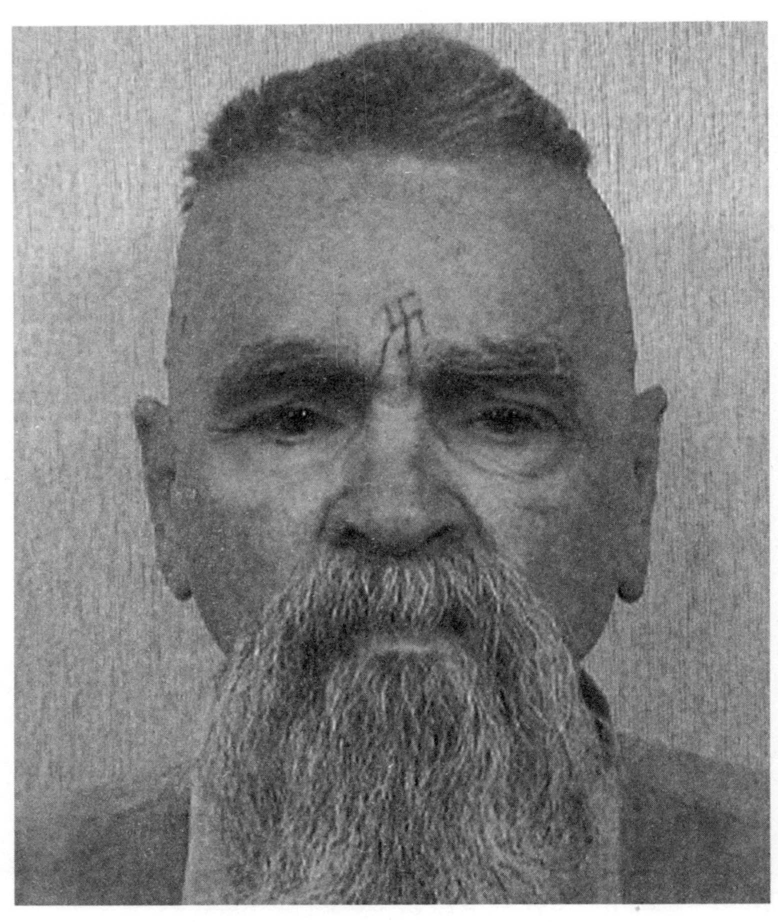

Charles Manson mit 79 Jahren (2014).

Wie behandelte Manson seine übrigen Anhänger? Brooks Toston, 21 Jahre, und Paul Watkins, 19 Jahre, sagten aus: *»Manson war stets äußerst liebenswürdig zu uns. Nur in ganz bestimmten Situationen konnte er hart sein. Da drohte er uns sogar die Todesstrafe an, nur für den Fall, daß wir seinen Befehlen nicht Folge leisteten.«* Die waren mitunter recht eigenartig: Wie Maria Teresa Suero glaubhaft versicherte, verlangte er beispielsweise von Patricia Kerwinkel, Susan Atkins und Linda Kazabian, drei Mädchen, die allesamt aus sogenannten »besseren Familien« kamen, sich nackt auszuziehen und für ihn am Boulevard von Santa Monica betteln zu gehen.

Man fragt sich unwillkürlich, wie es möglich war, daß sich die Mädchen weder weigerten noch Widerstand leisteten. Die Anwälte von Susan Atkins und Linda Kazabian beteuerten: *»Sie waren nicht behext! Aber sie standen unter ständigem Hypnoseeinfluß Mansons.«* Der *»große Meister«* veranlaßte seine Gefolgschaft an jenem 9. August 1969, sich mit LSD vollzupumpen. Dann schickte er sie auf den höllischen Trip zum Hause Cielo Drive Nr. 10050... Nach dem Blutbad zündeten sie Kerzen an und stellten sie rund um die fünf Leichen auf, damit das Ganze nach einem geheimnisvollen Opferritual aussah. Susan Atkins schilderte die grauenhafte Szene so: *»Der Meister hatte uns befohlen, dorthin zu gehen, und ich ging hin. Wir waren fünf, drei Männer und zwei Frauen, alle schwarz gekleidet und mit Messern oder Pistolen bewaffnet. Wir wußten nicht, wer da wohnte, und auch jene Leute kannten uns nicht. Wir standen alle unter LSD-Einfluß. Eine der Frauen tötete Sharon Tate, die unentwegt flehte: ›Laßt mir nur mein Kind, laßt mich mein Kind auf die Welt bringen!‹ Einer meiner Gefährten sagte später, daß diese Tat dazu dienen sollte, der Gesellschaft Angst einzujagen und sie zu schockieren. Wir wollten auch den Schwarzen zeigen, wie man ein Spiel gegen Weiße gewinnen kann.«**

* Die Schwarzen Panther von Los Angeles beschimpfen mit dem von der *»Manson-Familie«* verwendeten Wort *»pigs«* (*Schweine*) die Weißen. Die nordamerikanischen Puritaner nennen diejenigen *»pigs«*, die sich bevorzugt dem Laster hingeben, anstatt streng nach dem Evangelium zu leben.

Identitätsprobleme waren ein hervorstechendes Merkmal der Familienmentalität. Sie äußerten sich in der Auflösung der Individualität zugunsten eines totalen Gruppengeistes. Jeder war ein Teil von Manson, und Manson war ein Teil von ihnen. *»Ich wurde Charlie«,* sagte Paul Watkins. *»Alles, was ich einmal war, war Charlie. Es ist nichts mehr von mir übriggeblieben. Und auch von allen anderen Leuten in der Familie ist nichts mehr übriggeblieben. Sie sind auch alle Charlie.«* Dieser Verwirrung über ihre Identität entsprachen ebenso verworrene Ansichten über Liebe und Haß. Im Gefängnis versuchte Susan Atkins einer Mitinsassin zu erklären, wie sie es fertiggebracht hatte, Sharon Tate zu töten: *»Ich liebte sie, und um sie zu töten, tötete ich einen Teil meiner selbst. [...] Man muß schon aufrichtige Liebe im Herzen haben, um dies für einen Menschen tun zu können.«*

Diese Wahnsinnsmentalität läßt sich teilweise aus der Lebensgeschichte der einzelnen Familienmitglieder erklären. In seiner Kindheit wurde Manson zwischen Verwandten und Nachbarn herumgestoßen, lernte früh zu stehlen und wurde in Erziehungsheime gesteckt, aus denen er sofort wieder floh. Als er 16 Jahre alt war, beschrieb ihn ein Erzieher als *»aggressiv asozial«*. Andere »Familienmitglieder« hatten Schwierigkeiten mit ihren eigenen Familien oder sogar emotionale Störungen, die Manson ausnutzte. Staatsanwalt Bugliosi wies darauf in seinem Buch *»The Manson Murders«* hin: *»Nahezu alle hatten in sich eine tiefverwurzelte Feindschaft gegenüber der Gesellschaft und ihren Werten. Diese Feindschaft bestand schon, bevor sie auf Manson trafen.«* Manson brachte lediglich *»ihren latenten Haß und den ihnen eigenen Hang nach sadistischer Gewalt, der sich auf einen allgemeinen Feind, das Establishment, konzentrierte, an die Oberfläche. Er* *entpersönlichte seine Opfer, indem er sie zu Symbolen machte. Es ist einfacher, ein Symbol zu erstechen als einen Menschen.«* Aber Manson und seine »Familie« standen nicht im luftleeren Raum. Die Umwelt, in der die Mitglieder geformt wurden, die Drogensubkultur, die ganze groteske Sammlung von Gewaltpredigern, Teufelsanbetern und Blutopferkultanhängern, die in Kalifornien ihre Blütezeit erleben, trugen dazu bei, den Weg für das »Holterdiepolter« zu bereiten.

Obwohl es keine Beweise dafür gibt, daß Manson jemals einer Sekte angehört hatte, wurde immer wieder vermutet, daß er zumindest der »Prozeßkirche vom letzten Strafgericht« sehr nahegestanden haben dürfte. Eine Zeitlang hatten Manson und seine damals noch kleine »Familie« in einer Entfernung von nur zwei Häuserblocks zum Hauptquartier dieser Sekte in San Francisco gelebt. Während seines Gefängnisaufenthalts wurde er wiederholt von »Vater John« und »Bruder Matthew« besucht. Darüber hinaus legen auffallende Parallelen zwischen dem verworrenen Glaubensbekenntnis von Haß, Liebe und Gewalt der »Familie« und den Ansichten der »Prozeßkirche« den Verdacht nahe, daß Manson möglicherweise bis zu einem gewissen Grad von deren Lehren »infiziert« wurde.

Nachdem er wegen der Tate-La Bianca-Morde verhaftet worden war, gelang es Manson, ein gewisses Maß an Unterstützung aus den verkommeneren Teilen der Untergrundkultur zu erhalten. Einer der sogenannten »Weathermen«, der auf einer Versammlung der »Studenten für eine demokratische Gesellschaft« sprach, sagte: *»Diese reichen Schweine mit ihren eigenen Gabeln und Messern ins Jenseits zu schicken und dann im selben Raum noch zu essen, einfach toll! Die ›Weathermen‹ verstehen Charles Manson.«* Die Untergrundzeitung *Tuesday's Child* ernannte

Manson gar zum *»Mann des Jahres«*. Ansteckplaketten mit der Aufschrift *»Befreit Manson!«* erschienen in Geschäften, die psychedelische Dinge verkauften.

Im Falle des teuflischen Kommunenführers konnte erstaunlicherweise nie ganz geklärt werden, ob der Außenseiter und Egozentriker Charles Manson über geheime magische Kräfte verfügt hatte oder ob er in der Lage gewesen war, böse Geister nach den Gesetzen des Okkultismus zu beschwören ... Zu seinen »Power-Techniken« gehörte in jedem Fall der starre Blick, um Menschen zu *»konfrontieren und zu handhaben«,* und zu seinen wahnhaften Vorstellungen die Lehre, der Geist könne beliebig aus dem Körper austreten, *»exterior gehen«*. Nur sein Körper sei im Gefängnis, aber wenn er wolle, so streife er durch alle Straßen und sei mitten unter den Menschen, gab Manson seinem Biographen, dem Reporter Nuel Emmons, gegenüber an.

Sieben Jahre dauerte es, um aus Mansons »Lebensbeichte« wichtige Antworten herauszufiltern. Doch Emmons schrieb 232 Seiten über die *»Schockierenden Konfessionen des ›gefährlichsten Mannes unserer Zeit‹«**, die weder schockierend waren, noch genügend zur Klärung der Fragen beitrugen, die sich US-Staatsanwalt Vincent Bugliosi am Ende des Prozesses gestellt hatte: *»Wie gewann Manson Kontrolle über seine Anhänger? Was veranlaßte diese letztendlich, für ihn derart grauenhafte Mordtaten zu begehen?«*

»Manson kannte die Formel, wir kennen sie nicht«, resümierte er in seinem Prozeßbericht. Der längste und teuerste Mordprozeß der amerikanischen Kriminalgeschichte – er dauerte mehr als neun Monate und kostete eine Million Dollar – hinterließ allerorts tiefe Unruhe, hieß es doch am Ende: *»Es könnte jederzeit wieder passieren.«*

---

* Der Originaltitel lautet *Manson in His Own Words*.

La Bianca-Anwesen.

Emmons vermochte bei Manson keine *»übermenschlichen Kräfte, weder göttliche noch dämonische«*, festzustellen. Bei seiner ersten Begegnung wirkte der Mann wie ein *»ängstliches, mißtrauisches Tier«*, paranoid, aber immer noch mit dem hypnotischen *»starren Blick«* auf den Reporter sehend.

Charles Manson wurde für seine grausamen Mordbefehle am 30. März 1971 zum Tod durch die Gaskammer verurteilt. Das Urteil wurde jedoch nicht vollstreckt, sondern in eine lebenslängliche Haftstrafe mit möglicher Entlassung auf Bewährung umgewandelt, weil die Todesstrafe zwischenzeitlich abgeschafft worden war. Das Geschworenengericht von Los Angeles erklärte Manson darüber hinaus am 2. November 1971 ebenfalls für schuldig, den Musiker Gary Hinman und den Filmkomparsen Donald Shea ermordet zu haben. Ein Antrag Mansons auf Freilassung (1992) wurde vom Beratungsausschuß abgelehnt. Aus seiner Zelle drang daraufhin des öfteren das Geheul von Wölfen, das er nachahmte, oder einfach nur unmotiviertes, satanisches Gelächter. Im Jahr 2015 soll Charles Manson – inzwischen 80jährig – immer noch hinter Gittern sitzen, obwohl eine gewisse Priscilla Mason im Internet gepostet hat, daß er am 15. Mai 2015 angeblich tot in seiner Zelle aufgefunden worden sei (diese Meldung ist offiziell nicht bestätigt worden). Im September 2015 gab es erneut ein Gerücht: Manson habe Selbstmord begangen. Susan Atkins ist am 25.9.2009 an Krebs gestorben.

DER IRRE VON SANTA CRUZ

Der Fall Herbert Mullin
(1972–1973)

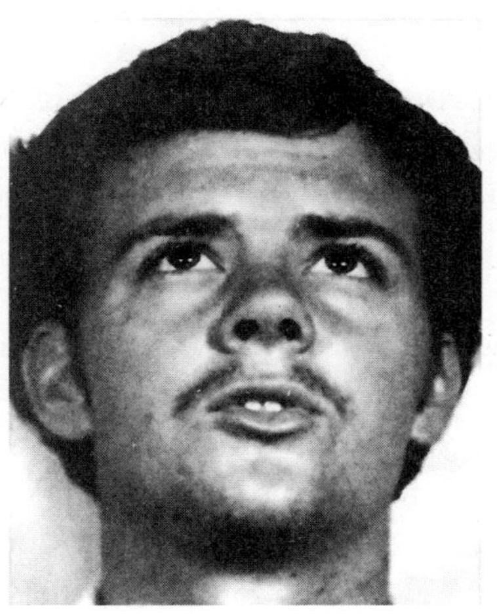

»Töte mich, damit andere gerettet werden!«

Herbert Mullin wurde am 18. April 1947 geboren und verbrachte eine glückliche und sorglose Kindheit in Santa Cruz, Kalifornien. Sein Vater war ein Veteran des Zweiten Weltkrieges, der oft und gern von seiner aktiven Militärdienstzeit sprach. Er war der erste, der seinem Sohn den Umgang mit Waffen erklärte.

Während der Schulzeit hatte der Junge zahlreiche Freunde; er galt als recht guter Schüler. Kurz nach dem Schulabschluß kam Dean Richardson, einer seiner besten Freunde, bei einem Autounfall ums Leben, und Herbert kam nur sehr schwer darüber hinweg. Um Mädchen kennenzulernen, kleidete und verhielt er sich wie ein Hippie, hängte sich Perlenketten um und trug lange Haare. Erfolg hatte er damit keinen. Er versuchte es erneut auf konservative Art, trug fortan Anzüge und Krawatten, doch auch das fruchtete nicht.

Als junger Mann wollte er heiraten und verpaßte es nicht, den Frauen bei jeder sich bietenden Gelegenheit Heiratsanträge zu unterbreiten. Infolge etlicher Absagen hielt er sich plötzlich für homosexuell und war bemüht, in entsprechenden Kreisen einen Freund zu finden, der bereit war, mit ihm zusammenzuziehen. Auch mit diesem Vorhaben scheiterte er. Daraufhin wandte er sich kurzzeitig dem Sport, speziell dem Boxen zu. Er trainierte hart und konnte gleich beim ersten Kampf derart überzeugen, daß man ihm eine bedeutende Karriere voraussagte.

Trotz dieses verheißungsvollen Auftakts verlor er jegliches Interesse an dieser Sportart und meldete sich stattdessen freiwillig beim Militär – und das, obwohl er noch vor einem Jahr bei der allgemeinen Einberufung den Kriegsdienst verweigert hatte. Er landete bei der Marine, wo man ihn zwar ausbildete, anschließend aber nicht in den regulären Dienst übernehmen wollte. Seinen Vorgesetzten war er aufgrund seines labilen psychischen Verhaltens negativ aufgefallen.

Mullin hielt sich mit Gelegenheitsjobs über Wasser und wurde glücklicherweise von den Eltern finanziell unterstützt. In dieser Zeit veränderte er sich erneut, nicht zuletzt vermutlich wegen seines Konsums von Cannabis, Marihuana und LSD. Zunächst brach er die Beziehung zu einer Freundin ohne ersichtlichen Grund ab, dann fürchtete er sich vor einem angeblich drohenden Erdbeben und schließlich bat er seine Schwester, mit ihm intim zu werden. Nebenher äußerte er den Wunsch, nach Indien zu gehen, um sich mit der dortigen Religion auseinanderzusetzen.

Eine Weile lebte er mit einer älteren, ebenfalls psychisch kranken Frau zusammen, bevor er sich für fernöstliche Mystik zu interessieren begann. In Hawaii wollte er seine Kenntnisse vertiefen, kam aber nicht weit damit. Inzwischen war er zu einem »normalen« Leben in der Gesellschaft nicht mehr fähig. Er hatte alles ausprobiert und paßte nirgendwo hinein. Die Anzeichen für psychische Störungen oder gar eine Erkrankung mehrten sich: Der 21jährige drückte brennende Zigaretten auf seiner Haut aus, führte häufig Selbstgespräche, schlug unmotiviert auf den Boden ein oder schrie auf Nichtanwesende ein, so daß ihn die Eltern schließlich in eine psychiatrische Klinik einweisen lassen mußten. Die Ärzte diagnostizierten eine *»paranoide Schizophrenie«* und versuchten, ihn zu therapieren.

Als er im Jahre 1972 – er war inzwischen 25 Jahre alt – wieder nach Hause entlassen wurde, glaubte er, Stimmen in seinem Kopf zu hören, die ihm ankündigten, daß ein Erdbeben unmittelbar bevorstehe und daß nur er in der Lage sei, Kalifornien zu retten. Hierfür müsse er lediglich einen Menschen töten. Mullin behauptete, eine telepathische Botschaft empfangen zu haben: *»Nimm mich und wirf mich über Bord! Töte mich, damit andere gerettet werden!«**

Als Mullin am 13. Oktober 1972 einen Obdachlosen am Straßenrand stehen sah, war er bereit, dieses Blutopfer

* Dabei bezog er sich auf das Bibelgleichnis von Jona, der mit 12 anderen Männern in einem Boot gesessen habe, das wegen dieses Gewichts zu kentern drohte. Um die anderen zu retten, habe sich Jona ins Wasser gestürzt, andernfalls wären wohl alle miteinander untergegangen.

zu bringen. Er hielt an und täuschte eine Autopanne vor. Der Anhalter, Lawrence White, 55 Jahre alt, trat näher und bot seine Hilfe an, falls Mullin ihn dafür ein Stück weit mitnähme. Man einigte sich, und als der Tramper in den Motorraum schaute, schlug ihm Mullin mit einem Baseballschläger den Schädel ein. Er zerrte die Leiche in einen Wald und machte sich danach aus dem Staub. Der Ermordete wurde am darauffolgenden Tag entdeckt.

Zwei Wochen nach diesem ersten Mord will Mullin wieder einen Auftrag von den Stimmen erteilt bekommen haben, die sich in seinem Kopf eingenistet hatten. Demnach sollte er sich über den Grad der Umweltverschmutzung informieren und dann überprüfen, wie es mit dem Erdbeben aussähe. Also setzte sich Mullin am 24. Oktober 1972 in sein Auto, fuhr ziellos durch die Straßen und entdeckte schließlich erneut einen Anhalter, diesmal eine 24jährige Frau, Mary Guilfoyle. Er ließ sie einsteigen, fuhr los und rammte ihr plötzlich während der Fahrt ein Messer in die Brust. Dann steuerte er den Wagen in einen Wald, wo er ihren Unterleib öffnete und versuchte, aus ihren Eingeweiden zu lesen, »wie es mit der Umweltverschmutzung stand«. Um eine bessere Sicht zu erhalten, hängte er die Eingeweide der Frau über Äste und Zweige. Die verstümmelte Leiche wurde erst ein paar Monate nach dem Mord gefunden.

Wenige Tage nach diesem Verbrechen, am 2. November 1972, meldete sich Mullins Gewissen; er ging in die Kirche und beichtete. Dem Geistlichen gegenüber offenbarte er seine Taten, woraufhin er im Sinne der Bibel belehrt wurde. Wie Mullin später behauptete, soll sich ihm der Priester freiwillig als nächstes Opfer zur Verfügung gestellt haben; vermutlich hatte er sich dessen Worte in seiner kranken Phantasie nur eingebildet. Fakt ist, daß er die Kabine des

Geistlichen öffnete, auf ihn einschlug und eintrat und ihn dann mit Messerstichen schwer verletzte. Zwar konnte ein anwesender Kirchenbesucher dem Priester zu Hilfe kommen, doch es war bereits zu spät: Der 65jährige Reverend Henri Tomei erlag rasch seinen schweren Verletzungen. Mullin entkam unerkannt.

Der junge Mann erkannte nun zweifelsfrei, daß mit ihm etwas nicht stimmte. Nach langem Grübeln war er davon überzeugt, daß seine Veränderungen seinem Drogenkonsum als Jugendlicher zuzuschreiben waren. Damals hatte ihn sein Schulkamerad James Gianera als erster von diesen Mittelchen probieren lassen. Mullin begab sich in das Wohnviertel, in dem Gianera früher gewohnt hatte, mußte aber erfahren, daß der inzwischen umgezogen war. Kathleen Francis, die 30jährige Frau, die jetzt dort wohnte, gab ihm die neue Adresse.

Jetzt suchte Mullin den Freund Gianera in dessen Haus auf. Nachdem er hineingebeten worden war, fragte ihn Mullin direkt, weshalb er ihm seinerzeit Cannabis vermittelt habe. Als Gianera die Frage nicht beantworten konnte, zog Herbert Mullin seinen Revolver und erschoß ihn. Mit letzter Kraft schleppte sich der Sterbende ins Badezimmer, wo seine 23jährige Frau Joan duschte. Er schrie ihr zu, sie solle unbedingt absperren, doch Mullin brach die Tür auf und erschoß auch sie. Dann stach er mehrfach auf die beiden Körper ein. Anschließend ging er zu Kathleen Francis zurück und erschoß sie mitsamt ihren beiden Söhnen Daemon (4) und David (9), um keine Zeugen zu hinterlassen. Weil Kathleens Ehemann – ebenfalls ein Drogenhändler – nicht zu Hause war, wurde das Verbrechen zuerst der Drogenszene zugeordnet, wobei man als Motiv »Abrechnung« vermutete. Die Polizei glaubte zeitweise auch, daß die Morde von den Serienmördern John Linley

Frazier und Edmund Emil Kemper begangen worden sein konnten, die damals in jener Gegend ihr Unwesen trieben.*

Genau einen Monat später, am 6. Februar 1973, stieß Mullin in einem Wald auf vier jugendliche Camper und wollte von ihnen wissen, weshalb sie dort zelteten. Er erhielt keine ihn zufriedenstellende Antwort. Daraufhin gab er sich als Forstaufseher aus und forderte die Teenager kurzerhand auf, die Zelte abzubrechen und zu verschwinden, *»weil sie den Wald verschmutzten«*. Die vier jungen Männer, Robert Spector (18), David Oliker (18), Brian Scott Card (19) und Mark Dreibelbis (19), scherten sich jedoch nicht darum, sondern vertrieben Mullin mit einem Karabiner, Kaliber 22. Der »Forstaufseher« drohte ihnen wiederzukommen, doch sie ließen sich nicht erschrecken und blieben. Anderntags kehrte der Irre tatsächlich zurück, überrumpelte die jungen Männer und nahm ihnen das Gewehr ab. Dann erschoß er einen nach dem anderen. Die vier Leichen wurden eine knappe Woche später entdeckt.

Der letzte Mord sollte sich am 13. Februar 1973 ereignen, er war der unbegreiflichste und kaltblütigste von allen. Mullin wollte gerade mit dem Auto wegfahren, als ihm auf der gegenüberliegenden Straßenseite ein Hispanoamerikaner auffiel, der dort Unkraut jätete. Er wendete, hielt dicht

---

* John Linley Frazier (1946 oder 1947–2009), auch als »Hippie-Mörder« bekannt, ermordete am 19. Oktober 1970 den Augenarzt Victor Ohta, dessen Frau, zwei Söhne und eine Sekretärin. Vier Tage später wurde er verhaftet, zum Tod durch Gas verurteilt, aber nach dem Verbot der Todesstrafe in Kalifornien zu einer lebenslangen Freiheitsstrafe verurteilt. 2009 erhängte sich Frazier im kalifornischen Staatsgefängnis in Ione. Emil »Ed« Kemper (1948), bekannt als »Co-Ed-Killer«, ermordete in Santa Cruz und anderen Landesteilen Kaliforniens im Zeitraum von 1972 bis 1973 mindestens zehn junge Frauen, seine Großeltern und seine Mutter. Er verbüßt in der California State Medical Facility von Vacaville eine lebenslängliche Haftstrafe ohne Möglichkeit auf Bewährung.

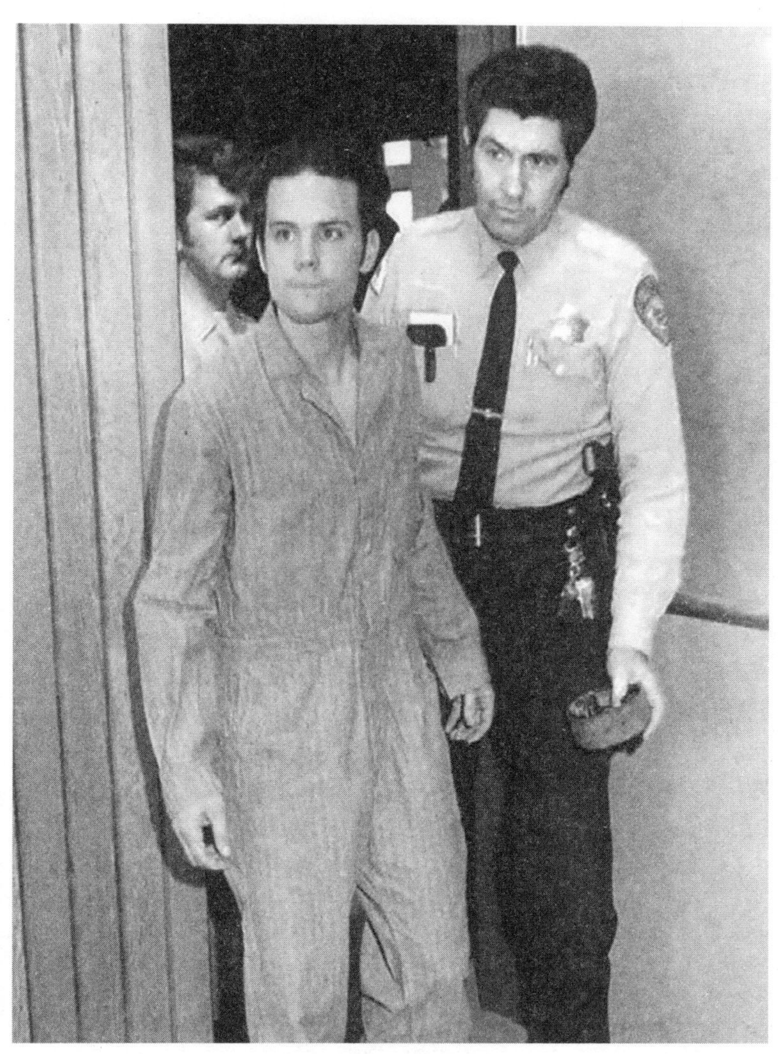

Mullin wird vor Gericht gebracht.

Die vielen Gesichter des Herbert Mullin.

vor dem Mann an, stieg aus und schoß ihn, den 72jährigen Fred Perez, vor den Augen eines Nachbarn ohne jedes Gefühl nieder. Der Zeuge notierte das Kennzeichen, während Herbert Mullin seelenruhig davonfuhr. Über Polizeifunk wurde eine Fahndung eingeleitet, und so konnte der Mörder nahezu unmittelbar danach festgenommen werden. Er leistete nicht den geringsten Widerstand.

Das Strafverfahren gegen Herbert Mullin wurde am 30. Juli 1973 eröffnet. Der Geisteszustand des Angeklagten offenbarte sich sofort, als der Delinquent die Morde einerseits bereitwillig zugab, andererseits aber ernsthaft versicherte, daß die Stimmen in seinem Kopf sie ihm befohlen hätten. Der Beweis dafür, daß er *»ein großes Erdbeben zu verhindern«* gesucht habe, sei schlichtweg die Tatsache, daß es keines gegeben habe.

Schon bald mußte er in Ketten gelegt werden. Außerdem reichte er ständig ellenlange Erklärungen ein, die mit dem Strafverfahren nicht das geringste zu tun hatten. Für die ersten drei Morde gab es keine Anklage, weil er hier offenkundig wegen der seinerzeit diagnostizierten *»paranoiden Schizophrenie«* nicht zurechnungsfähig gewesen war. Die Staatsanwaltschaft konzentrierte sich statt dessen darauf nachzuweisen, daß er die zehn folgenden Morde, die ihm zur Last gelegt wurden, mit Vorsatz begangen hatte, schließlich hatte Mullin sämtliche Zeugen aus dem Weg geräumt.

Verteidiger Jackson beschränkte sich darauf, auch hier auf Unzurechnungsfähigkeit zu plädieren. Der Staatsanwalt hielt dagegen: *»Es ist keine Frage, der Angeklagte ist psychisch krank, sogar schwer psychisch krank. Doch das bedeutet nicht, daß er im juristischen Sinne verrückt ist. Er hat seine Spuren verwischt und manche seiner Taten eindeutig mit Vorsatz begangen.«* Ein psychiatrischer Gutachter meinte zudem: *»Mullin ist ein Individuum mit hohen geistigen Fähigkeiten und ausgeprägtem Interesse an Okkultismus, Psychologie und Philosophie.«*

Das Gericht, das aus sechs Männern und sechs Frauen bestand, beriet sich mehr als 14 Stunden, bevor es am 19. August 1973 das Urteil fällte. Es lautete auf *»schuldig des zweifachen, vorsätzlichen Mordes und schuldig des achtfachen Totschlags«*, weshalb Herbert Mullin zu einer lebenslänglichen Haftstrafe verurteilt wurde, die frühestens im Jahr 2025 zur Bewährung ausgesetzt werden kann.

Mullin zuckte lediglich mit den Schultern, als er den Urteilsspruch hörte. Seit 1973 sitzt er im Staatsgefängnis von Mule Creek in Ione, Kalifornien. Eine frühzeitige Entlassung auf Bewährung hat er bislang abgelehnt.

POGO DER KILLER-CLOWN

Der Fall John Wayne Gacy (1972–1978)

»Weißt du nicht, daß ein Clown sogar mit Mord davonkommt?«

Einer der bekanntesten und schrecklichsten Serienmörder der neueren Kriminalgeschichte der USA dürfte John Wayne Gacy sein. Mindestens 33 Jungen und junge Männer vergewaltigte, folterte und tötete der Mann, der ehrenamtlich für die Demokratische Partei unter anderem als »Clown Pogo« für Kinder auftrat. Den Namen hatte er aus den Silben »Po« für »Polen« oder »polnisch« und »go« für »always to go« (ständig einsatzbereit) zusammengesetzt. Die Tatsache, daß er die meisten seiner Opfer unter seinem eigenen Haus verscharrte, sorgte dafür, daß er zwischen 1972 und 1978 so viele Menschen töten konnte, ohne daß irgendein Leichenfund Verdacht auf ihn gelenkt hätte.

John Wayne Gacy wurde am 17. März 1942 in Chicago, Illinois, als zweites Kind der Eheleute John Stanley Gacy und Marion Elaine Robinson geboren. Seine Vorfahren stammten aus Polen und Dänemark. Vater Gacy war ein stark konservativ geprägter Mensch, der seinen übergewichtigen, kranken Sohn eher verachtete als liebte. Als starker Alkoholiker mißhandelte er sowohl die Kinder als auch seine Frau regelmäßig. Da er seinen Sohn nach dem Schauspieler John Wayne nannte, der wegen seines Macho- und Cowboyimages berühmt gewesen war, enttäuschte es den Vater noch mehr, daß er diesem Bild nicht einmal im Ansatz entsprach. Er schlug und beschimpfte ihn deshalb nahezu unentwegt als *»Schwächling«*, *»Sissy«*, *»Schwuchtel«*, *»Pussy«* und *»Heulsuse«*.

Diese frauen- und homoerotikfeindlichen Beschimpfungen wirkten sich natürlich sehr nachteilig auf John Waynes Psyche aus. Folglich versuchte er, seine »Makel« zu kompensieren. Ein Jugendfreund erinnerte sich, daß John eines Tages die Kleidung seiner Mutter in seinem Zimmer anprobierte, um sich vorzustellen, wie er wohl als Frau aussehen würde.

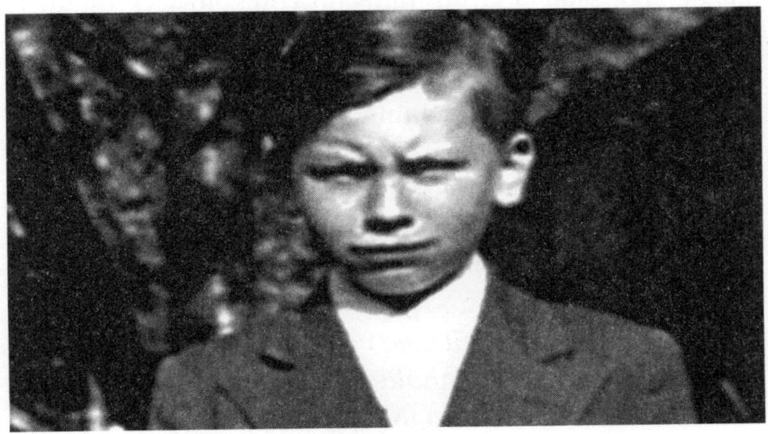

John Wayne Gacy als Kind.

Mit zunehmendem Alter bemerkte John ein sexuelles Verlangen nach jungen Männern und versuchte zunächst mit allen Mitteln, dies zu unterdrücken. Er wollte auf gar keinen Fall so werden, wie sein Vater es prophezeit hatte. Gacys Schwester Karen erzählte später wiederholt, daß ihr Bruder sich förmlich dazu gezwungen habe, nicht zu weinen, wenn der Vater ihn geschlagen habe. Diese Art von Demütigung wandte Gacy später ebenfalls bei seinen Opfern an.

Eine Psychologin, die den Täter später untersuchte, stellte fest, daß er das Vorgehen des Vaters an seinen Opfern nur deshalb wiederholt hatte, weil er sich an jungen Männern rächen wollte, die genau das Gegenteil von ihm selbst darstellten. Indem er junge, schlanke und sportliche Jungen, die ihm nackt und gefesselt ausgeliefert waren, demütigte, »rächte« er den kleinen, dicken und schwächlichen Jungen, der selbst gern so gewesen wäre, um sich und seinem Vater zu gefallen.

Im Alter von 18 Jahren entschied sich der zukünftige Serienmörder, die Partei der Demokraten zu unterstützen. Er wurde freiwilliger Helfer und erhielt vom Vater ein Auto, das er über viele Jahren mühsam von selbst verdientem Geld abbezahlte. Der Haken dabei war, daß der Wagen auf den Namen des Vaters zugelassen war. Wollte der junge Mann das Auto nutzen, so mußte er den Vater um Erlaubnis bitten. Eines Tages ließ er daher die Autoschlüssel heimlich nachmachen, um sich den leidlichen Bittgang zu ersparen. Als der Vater das erfuhr, entfernte er kurzerhand die Verteilerkappe des Autos. Gacy besorgte sich eine neue und fuhr von zu Hause fort. *»Ich war total durcheinander im Kopf. In Las Vegas, weit weg von Chicago, fand ich einen Job als Helfer in der Ambulanz«*, erzählte er später.

Als er zurück nach Chicago zog, arbeitete er als Assistent in einer Leichenhalle und legte sich oft im Einbalsamierungszimmer schlafen. *»Einmal legte ich mich neben die Leiche eines kleinen Jungen und umarmte ihn. Nach einer Weile erschrak ich vor mir selber«*, erinnerte sich Gacy später in einem Interview.

1963 absolvierte er erfolgreich eine kaufmännische Ausbildung am Northwestern Business College und nahm eine Arbeitsstelle in einer Schuhfirma an. Ein Jahr danach wurde er beruflich nach Springfield, Illinois, versetzt, wo er als Verkäufer und später als Manager eingesetzt wurde. Im gleichen Unternehmen arbeitete die Angestellte Marylinn Myers, die er später heiratete.

Er engagierte sich in der kaufmännischen Organisation »Jaycees«, die – ohne Gewinnorientierung – daran interessiert war, jungen Arbeitnehmern zu helfen. Hier stieg er schnell auf. In dieser Zeit machte er eine wichtige homosexuelle Erfahrung: Während er betrunken war, kam es erstmals zum Oralsex. 1965 stieg John Wayne Gacy zum Vizepräsidenten der »Springfield Jaycees« auf. Schließlich schlug ihm sein Schwiegervater vor, drei Fast-Food-Restaurants als Manager zu leiten. Zusätzlich wurden ihm 15.000 Dollar sowie Gewinnanteile versprochen. Gacy war sofort damit einverstanden.

1967 kam sein erstes Kind Michael auf die Welt, im Oktober 1968 folgte die Tochter Christine. Als ihn sein Vater im neuen Zuhause in Waterloo besuche, sagte er: *»Junge, ich lag bei dir falsch. Es ist ja doch etwas aus dir geworden.«* Später erinnerte sich Gacy: *»Das war die schönste Zeit meines Lebens, sie war einfach perfekt.«*

Gleichzeitig zogen jedoch bereits Wolken am Ehehimmel auf: Seitensprünge, Drogen, Prostitution und Swingerpartys gehörten schon damals zu Gacys Alltag. Er lud nach und nach Angestellte in den Keller seines Hauses ein, um dort Pool zu spielen oder rauschende Alkoholpartys zu

Gacy und seine zweite Frau Carole Hoff (Hofgren).

feiern. Seine sexuellen Anspielungen auf die männlichen Angestellten und deren Kinder fand niemand ungewöhnlich. Ging jemand auf seine Offerten nicht ein, so wurde das als Witz abgetan. Diese unerklärliche dunkle Seite an ihm legte die Grundlage für das Doppelleben des John Wayne Gacy.

Im März 1968 wurde Gacy vom Vater eines gewissen Donald Vorhees angezeigt, der behauptete, daß Gacy seinen Sohn zum Oralsex gezwungen habe. Der Unternehmer leugnete das und bot einen Speicheltest an, der ihn allerdings schwer belastete. Vor Beginn des Prozesses beauftragte Gacy seinen jungen Mitarbeiter Russell Schroeder, Donald Vorhees zu erpressen. Wenn dieser vor Gericht seine Aussage nicht zurücknehme und Gacy entlaste, ließ er ihm übermitteln, würde er verprügelt. Nachdem Russell Donald aufgelauert und ihn überfallen hatte, verständigte

Donalds Vater erneut die Polizei. John Wayne Gacy kam in eine Spezialklinik, wo man bei ihm *»eine antisoziale Persönlichkeitsstörung«* diagnostizierte. Vor Gericht galt er zudem als voll schuldfähig.

Im Dezember 1968 wurde er daher zu 10 Jahren Haft im Anamosa State Penitentiary verurteilt. Noch am gleichen Tag ließ sich seine Frau von ihm scheiden; Gacy sah sie und die Kinder nie mehr wieder. Am 18. Juni 1970, nach nur 18 Monaten Haft, wurde Gacy unerklärlicherweise wieder freigelassen.

Während seiner Haftstrafe war der Vater verstorben, möglicherweise aus Gram über die familiäre Schande. Gacy zog erneut bei seiner Mutter ein und kaufte aus dem Erbe seines Vaters ein Haus im Norwood Park Township von Cook County, wo er bis zu seiner Verhaftung im Jahr 1978 lebte. Im August 1971 zog er mit seiner Mutter in das Haus und verlobte sich mit Carole Hofgren*, einer geschiedenen Frau mit zwei jungen Töchtern. Am 1. Juli 1972 heiratete das Paar. Er gab seinen Job als Koch auf und gründete das Bauunternehmen PDM (Painting, Decorating and Maintenance).

Den Nachbarn fiel Gacy wegen seiner Freundlichkeit und Fürsorge auf. Er engagierte sich ehrenamtlich und trat besonders gern als »Pogo der Clown« in Krankenhäusern oder auf Straßenfesten auf, wobei er die Herzen und das Vertrauen der Kinder geradezu im Sturm eroberte. Darüber hinaus war er ein spendabler Chef und lud seine Angestellten gern auch privat ein. Erneut betätigte er sich in der Demokratischen Partei und bot der lokalen Gemeinschaft die Arbeitskräfte seines Bauunternehmens kostenlos an. Diese bürgerliche Fassade war die perfekte Tarnung für

---

* Nach einigen Quellen soll sie »Hoff« geheißen haben.

seine Laster. Jähzornig zerschmetterte Gacy Möbelstücke, wenn er mit seiner Frau stritt – was immer öfter der Fall war. Er wies sie häufig ab, ließ sie nicht mehr in alle Zimmer der Wohnung und kaufte sich Pornohefte mit muskelbepackten nackten Männern. Schon bald scheiterte auch diese Ehe. Jetzt ging der Bauunternehmer auf Menschenjagd ...

Gacy stieg gesellschaftlich auf und wurde Geschäftsführer der alljährlichen »Polish Constitution Day Parade« in Chicago, wozu man diesmal auch die First Lady der Vereinigten Staaten eingeladen hatte. Man feierte dabei auf recht pompöse Weise die Geburtsstunde der polnischen Demokratie im Jahr 1791 – mit Festwagen, Blaskapellen und Musikbands. Rosalynn Carter tat dabei das, was man bei solchen Anlässen von ihr erwartete: verdiente Parteigänger zu loben und amerikanische Musterbürger zu treffen. So lernte sie auch John Wayne Gacy kennen, der die Demokratische Partei seit Jahren unterstützte und die große Parade in Chicago organisierte. Die Präsidentengattin ließ sich gern mit dem übergewichtigen Herrn ablichten und schickte ihm später das Bild sogar mit einer persönlichen Widmung zu: *»To John Gacy. Best wishes, Rosalynn Carter«*. Sie konnte nicht ahnen, daß sie bei dieser Gelegenheit dem schlimmsten Serienmörder der USA lächelnd die Hand gedrückt hatte.

Seinen vermutlich ersten Mord beging Gacy am 2. Januar 1972, als er den 15jährigen Timothy McCoy am Busbahnhof von Chicago auflas und ihm *»Sehenswürdigkeiten«* zeigen wollte. Er nahm den Jungen mit zu sich nach Hause, versprach ihm jedoch, ihn am nächsten Tag wieder zurück zum Busbahnhof zu bringen. In Gacys Haus hatten die beiden Sex und schliefen danach ein. Als Timothy morgens erwachte, richtete er das Frühstück her. Mit einem Küchenmesser in der Hand ging er ins Schlafzimmer, um

Rosalynn Carter, die Frau des US-Präsidenten, mit Gacy.

Gacy zu wecken. Der wachte auf und sah den Jungen mit dem Messer vor seinem Bett stehen. Obwohl Timothy die Verstörung Gacys bemerkte und sofort die Hände hochhielt, um zu beweisen, daß er nichts Böses im Schilde führe, sprang Gacy auf und tötete den Jungen mit dem Messer. Anschließend begrub er ihn in seinem »Kriechkeller«*.

Als Gacy bemerkte, daß sein Leben trotz dieses Verbrechens ganz normal und unauffällig weiterging, kam er wohl auf den Geschmack. Zuerst wurde vermutet, daß Gacy durch seine Morde eventuell nur die Zeugen seiner

* Gemeint ist ein etwa 1,20 Meter hoher, freier Bereich zwischen Haus und Erdboden.

homosexuellen Handlungen beseitigen wollte, doch dies war nicht der Fall. Gacy war vielmehr ein Sadist, der das Leid seiner Opfer genoß. Nunmehr davon überzeugt, daß ihm keiner auf die Schliche käme, solange er die Opfer in seinem Haus vergrabe, begann die schauerliche Mordserie.

Auf Gerichtsakten und Aussagen zweier Überlebender basierend, wurde der übliche Tathergang so beschrieben: Gacy lockte die Opfer in sein Haus. Entweder versprach er ihnen einen gut bezahlten Job in seiner Firma oder er gab sich als »Sheriff« aus, um vermeintlich kriminelle Jugendliche »festzunehmen«. Daheim bot er ihnen dann Alkohol an und rauchte auch ab und zu Marihuana mit ihnen. Wenn die Jungen dann betrunken waren, zeigte er ihnen Zaubertricks. Er ließ sich von ihnen Handschellen anlegen und führte ihnen dann vor, wie man sich daraus befreien konnte. Mit Geld als Lockmittel überredete er die jungen Männer, es gleichfalls zu versuchen. Wenn sie sich – wie erwartet – nicht allein befreien konnten, hielt er ihnen zynisch den Schlüssel vor die Nase und sagte: *»Der ganze Trick besteht einfach darin, diesen Schlüssel zu besitzen.«* Von diesem Augenblick an waren die Opfer Gacy vollständig ausgeliefert.

Manche Jungen betäubte er mit Chloroform, bevor er sie auszog. Anderen schnitt er brutal die Kleidung vom Leib. Die betäubten Opfer wachten in einer entsetzlichen Lage wieder auf: Kopf und Hände waren gefesselt und die Füße steckten in einer beschwerten Holzkiste, gerade so, als stünden sie am Pranger. Gacy beschimpfte sie für gewöhnlich mit genau denselben Ausdrücken, die sein Vater ihm gegenüber benutzt hatte. Extrem sauer wurde er, wenn die Jungen keine Erektion bekamen – in ihrer Todesangst war das einfach nicht möglich. Meistens band er ihnen die

Hoden ab, drückte Zigaretten darauf aus und weidete sich an ihren Schmerzen.

Eines der überlebenden Opfer, Jeffrey Rignall, berichtete, daß Gacy ihn betäubt und an das Bett gefesselt habe, um seine Genitalien zu »untersuchen«. Dabei habe er ihm in die Hoden gezwickt oder sein Glied mit Nadeln gepiekt. In anderen Fällen rammte er den Unschuldigen größere Gegenstände in den Anus, um ihnen noch mehr Schmerzen zuzufügen. War er mit seinen Mißhandlungen und Demütigungen fertig, legte er seinen Opfern eine Schlinge mit zwei Knoten um den Hals. Dazwischen steckte er einen Stock oder Stab, den er mehrfach umdrehte, so daß sich die Schlinge immer weiter zuzog. Viele seiner Opfer wurden hierbei zusätzlich unter Wasser getaucht. Gacy verlängerte das Leid seiner Opfer dadurch, daß er sie immer wieder kurz atmen ließ, um die Schlinge danach wieder zuzuziehen. Allgemein galt: Je besser die Jungen ihm gefielen, desto länger hatten sie zu leiden. Mindestens drei Opfer erstickten, weil Gacy ihnen die eigenen Unterhosen in den Hals geschoben hatte. Mit einigen von ihnen »kuschelte« der Mörder, nachdem sie bereits tot, aber noch warm waren.

Am 29. Juli 1975 griff Gacy den 17jährigen John Butkovich in einer Kneipe auf. Der junge Mann war dort zusammengeschlagen worden, woraufhin der Freund der Nachbarschaft sich seiner annahm und ihn zu sich nach Hause brachte, *»um seine Wunden zu versorgen«*. Statt dessen fesselte er den Jungen mit Handschellen und vergewaltigte ihn. Am Ende legte er ihm besagte Schlinge um den Hals und erdrosselte ihn. Die Leiche verscharrte er unter seiner Garage.

Gacys Ehe wurde im März 1976 geschieden. Im darauffolgenden Monat begann die eigentliche Mordserie. Im April

1976 verschwand der 18jährige Darren Samson und tauchte nie wieder auf. Was Gacy mit ihm angestellt hatte, konnte nicht geklärt werden. Fest steht jedoch, daß er ihn umgebracht hat. Am 14. Mai des gleichen Jahres verschwanden der 14jährige Samuel Stapleton und der 15jährige Randall Raffett. Am 3. Juni 1976 und eine Woche später verschwanden zwei weitere Jugendliche: der 17jährige Michael Bonnin und der 16jährige William Carroll. Beide Opfer verscharrte der Mörder in seinem »Kriechkeller«. Anfang August wurde der 17jährige Richard Johnston als vermißt gemeldet, am 11. Dezember desselben Jahres der 17jährige Gregory Godzik. Im Januar 1977 verschleppte Gacy den 17jährigen John Szyc, vergewaltigte ihn und brachte ihn mit Hilfe eines Seils und eines Stocks um. Am 15. März 1977 ermordete er den 20jährigen Jon Prestidge. Im Juli 1977 verschwanden der 19jährige Matthew H. Bowman und der 18jährige Robert Gilroy: Beide wurden nie mehr lebend gesehen.

Daneben gab es aber auch zwei junge Männer, denen es glückte, Gacys Attacken zu entkommen. Beide hatten für ihn gearbeitet und bei Gacy gewohnt. Anthony Antonucci (15) und David Cram (17) war es gelungen, sich aus eigener Kraft zu befreien und das Haus unbeschadet zu verlassen. Weshalb die beiden Gacy nicht bei der Polizei angezeigt hatten, blieb unverständlich. Viele der späteren Morde hätten vermieden werden können.

Am 17. Oktober 1977 verschwand der 20jährige Russell O. Nelson, am 10. November der 16jährige Robert Winch. Nachdem Gacy am 9. Dezember 1977 den 19jährigen Marinesoldaten David Paul Talsma umgebracht hatte, sorgte er am 30. Dezember für das Verschwinden des 19jährigen Robert Donnelly. Dieser junge Mann wurde gefoltert und vergewaltigt, von Gacy aber mit der Drohung freigelassen, daß er ihn in jedem Fall finden würde, falls er zur Polizei ginge. Donnelly erstattete trotzdem Anzeige, hatte aber keinen Erfolg damit: Gacy stritt alles ab. Die Anzeige wurde zur maßlosen Enttäuschung Donnellys fallengelassen.

Am 16. Februar 1978 verschwand William Kindred und wurde nie mehr gesehen. Am 25. März 1978 erschien der Student Jeffrey D. Rignall bei der Polizei und beschuldigte Gacy der Vergewaltigung und Folter. Der junge Mann verwies dabei auf Verbrennungen in seinem Gesicht und Blutungen. Gegen den Bauunternehmer wurde wiederum aufgrund mangelnder Beweise nicht weiter ermittelt. Daraufhin verschwand am 11. Dezember 1978 der 15jährige Robert Piest.

Alle Spuren führten zu Gacy. Der Junge hatte seiner Mutter gesagt, daß er sich mit Gacy treffen wolle; seither war er nicht mehr gesehen worden. Erstmals überprüften die Fahnder nun den Bauunternehmer auf Vorstrafen – und hatten sofort ihren Hauptverdächtigen. Doch noch einmal narrte der Mörder seine Verfolger. *»Weißt du nicht, daß ein Clown sogar mit Mord davonkommt?«* fragte er zynisch einen Polizisten. Obwohl er bereits unter Beobachtung stand, gelang es ihm, die Leiche von Robert Piest aus seinem Haus zu schleusen und im Des Plaines River zu versenken. Kaltblütig fuhr er unmittelbar danach zur Polizei, die noch Fragen an ihn hatte. Das Protokoll vermerkte lediglich Gacys *»glasigen Blick«* und seine verdreckten Schuhe.

Nach aufwendigen und dramatischen Ermittlungen, zu denen auch eine permanente Überwachung Gacys gehörte, wurde er schließlich am 21. Dezember 1978 *»wegen Drogenbesitzes«* festgenommen. Gacy versuchte immer wieder, die Ermittler an der Nase herumzuführen. Er war überzeugt davon, daß er einen Lügendetektortest spielend bestehen würde. Das Ergebnis zeigte dann allerdings, daß er dabei nur ein einziges Mal die Wahrheit sagte: bei der Nennung seines Namens.

Bei der Hausdurchsuchung schlug den Polizisten sofort der Geruch von verwestem Fleisch entgegen. Der rote Ziegelsteinbau sollte sich schnell als ausgesprochenes Horrorhaus entpuppen. Wochenlang bargen die Ermittler Leichenreste und Knochen, insgesamt die von 29 Jungen und jungen Männern. Gacy hatte sie vergewaltigt, erdrosselt und auf seinem Grundstück versteckt, verscharrt oder einbetoniert: im Keller, unter der Garage, im Garten, sogar unter dem Boden seines gemütlichen Wohnzimmers. Weitere vier Leichen hatte er im nahe gelegenen Des Plaines River versenkt. Obwohl sich vorher schon viele Nachbarn immer wieder über den furchtbaren Geruch, der aus Gacys Haus zu kommen schien, beschwert hatten, fand sich niemand, der ernstlich etwas dagegen unternahm. Gacy selbst erklärte diesen Geruch mit einer defekten Abwasserpumpe.

In den frühen Morgenstunden des 22. Dezember 1978 brach der Mörder im Verhör zusammen. Er gestand *»etwa 30 Morde«*. Nach den Ausgrabungsarbeiten wurde das Haus Gacys komplett abgerissen, nicht zuletzt deshalb, weil die Nachbarn um den Wert ihrer eigenen Immobilien fürchteten.*

Die Jungen, die Gacy im Jahre 1978 zum Opfer gefallen waren, konnten aus dem Des Plaines River geborgen werden. Es handelte sich um Tim O'Rourke, Frank Wayne Landingin, James Mazzara (20) und Robert Piest (15). Acht Opfer konnten bis heute nicht identifiziert werden.

---

* Heute befindet sich auf dem ehemaligen Grundstück Gacys ein neues Haus. Die Stelle, an der sich der »Kriechkeller« befand, wird als Vorgarten genutzt. Das neue Haus steht daneben; es erhielt eine neue Adresse, damit nichts mehr in der Norwood Park-Siedlung an das damalige Grauen erinnert.

20 der mindestens 33 Opfer Gacys.

Die Öffentlichkeit reagierte geradezu entsetzt. Der am 6. Februar 1980 beginnende Prozeß gegen Gacy gestaltete sich zu einem der emotionalsten überhaupt. Aus Angst vor Attentaten wurde der Angeklagte mit einem massiven Polizeiaufgebot geschützt. Angehörige der Opfer fielen in Ohnmacht, Zeugen übergaben sich. Zunächst versuchten die Verteidiger, ihren Mandanten mittels psychiatrischer Gutachten als geisteskrank, unzurechnungsfähig oder schizophren darzustellen. Sie verwiesen auf den autoritären Vater, der Homosexuelle gehaßt und seinen Sohn regelmäßig geschlagen hatte. Doch es nützte alles nichts. Das Gericht befand John Wayne Gacy für schuldig. Das Urteil vom 13. März 1980 lautete auf 21mal lebenslänglich und zwölfmal Todesstrafe. Vollstreckt wurde das Urteil allerdings erst 14 Jahre später.

In der Zwischenzeit wußte John Gacy, der sich noch immer als tüchtiger Geschäftsmann erwies, geschickt als *»Ikone des Bösen«* zu vermarkten. Anrufer konnten für 23 US-Dollar mit ihm telefonieren. Zudem begann er zu malen, wobei er mit Vorliebe Clowns zeichnete. Er verkaufte Hunderte von Bildern, die mitunter sogar Stückpreise von 20.000 Dollar erzielten. Wütende Angehörige von Opfern kauften etliche Bilder, nur um sie sodann symbolisch öffentlich zu verbrennen.

Vor der Hinrichtung gestattete man Gacy noch, gemeinsam mit seiner Schwester Karen ein Picknick zu machen und sich mit einem katholischen Priester zu treffen. Seine letzten Worte sollen *»Kiss my ass!« (Leckt mich am Arsch!)* gewesen sein. Die auf den 10. Mai 1994 anberaumte Exekution hatte in den Medien für einige Aufregung gesorgt und große Mengen Schaulustiger zum Gelände der Strafanstalt gelockt. Die Mehrheit habe die Todesstrafe befürwortet, eine Minderheit dagegen mit einer Lichterkette gegen die

Hinrichtung protestiert. Händler verkauften Gacy-T-Shirts und andere Artikel in einem Ausmaß, das man später als *»abgrundtief schlechten Geschmack«* bezeichnete. Während der Hinrichtung selbst gab es Probleme mit der Injektion, so daß sie zunächst abgebrochen werden mußte. Beim zweiten Mal klappte sie. Nach 18 Minuten war die Exekution vorbei.

Dies führte dazu, daß in Illinois ein neues Verfahren zur Tötung mittels Giftspritze eingeführt wurde. Der oberste Ankläger im Gacy-Prozeß sagte später, daß der Delinquent *»immer noch einen sehr viel leichteren Tod als irgendeines seiner Opfer«* gehabt habe. Der Großteil der auf dem Gelände wartenden Menge jubelte in dem Moment, als man Gacy offiziell für tot erklärte, laut auf.

Nach der Hinrichtung wurde das Gehirn des Mörders dem Schädel entnommen und untersucht. Es wies keine Besonderheiten auf.

Der nachstehende Songtext stammt von Sufjan Stevens* und sollte zum Nachdenken anregen:

John Wayne Gacy, Jr.

His father was a drinker
And his mother cried in bed
Folding John Wayne's T-shirts
When the swingset hit his head
The neighbors they adored him
For his humor and his conversation
Look underneath the house there
Find the few living things
Rotting fast in their sleep of the dead

* US-amerikanischer Sänger, Songschreiber und Musiker.

Twenty-seven people, even more
They were boys with their cars, summer jobs
Oh my God

Are you one of them?

He dressed up like a clown for them
With his face paint white and red
And on his best behavior
In a dark room on the bed he kissed them all
He'd kill ten thousand people
With a sleight of his hand
Running far, running fast to the dead
He took of all their clothes for them
He put a cloth on their lips
Quiet hands, quiet kiss
On the mouth

And in my best behavior
I am really just like him
Look beneath the floorboards
For the secrets I have hid

John Wayne Gacy Jr.

Sein Vater war ein Trinker
Und seine Mutter weinte im Bett
Faltete John Waynes T-Shirts
Als die Schaukel gegen seinen Kopf schlug
Die Nachbarn liebten ihn
Für seinen Humor und seine netten Unterhaltungen
Schau unter das Haus dort
Und finde die wenigen lebenden Dinge

Sie verrotten schnell in ihrem Schlummer des Todes.
27 Menschen
Sogar mehr, sie waren Jungs
Mit ihren Autos, Sommerjobs
Oh, mein Gott

Bist du einer von ihnen?

Er zog sich an wie ein Clown für sie
Mit seinem weiß und rot bemalten Gesicht
Und er zeigte sich von seiner besten Seite
In dem dunklen Raum küßte er sie alle
Er würde Zehntausende töten
allein mit dem Geschick seiner Hand
Rennt weit, schnell zum Tod
Er zog ihnen ihre Sachen aus
Legte ein Tuch über ihre Lippen
Ruhige Hände, stiller Kuß
Auf den Mund

Und wenn ich mich von meiner besten Seite zeige
Dann bin ich eigentlich wie er
Schau unter die Bodendielen
Such nach den Geheimnissen, die ich versteckt halte

DER CAMPUS-KILLER

Der Fall Ted Bundy (1974–1978)

»Ich war eine normale Person. Ich hatte gute Freunde. Ich führte ein normales Leben, abgesehen von diesem einzigen, kleinen, aber sehr mächtigen und zerstörerischen Element, das ich aber sehr geheim und ganz für mich behielt.«

Theodore Robert Cowell wurde am 24. November 1946 in einem Heim für ledige Mütter geboren. Die Identität des Vaters war unbekannt; sie sollte es für Ted – wie er alsbald genannt wurde – auch bleiben. Weil ledige Mütter damals in den USA geradezu als Aussätzige betrachtet wurden, wurde der Junge als Sohn seiner Großeltern ausgegeben und die leibliche Mutter als seine Schwester. Erst um das Jahr 1969 herum, als Teenager, erfuhr Ted, daß

Der junge Ted Bundy (rechts) mit Mutter und Geschwistern.

seine »Schwester« in Wirklichkeit seine Mutter war. Diese Wahrheit hatte eine traumatische Trennung von seiner damaligen Freundin zur Folge.

1951 lernte Teds Mutter einen Mann kennen, den sie noch im selben Jahr heiratete. Er adoptierte den Jungen, der fortan den Familiennamen Bundy trug. Der Stiefvater kümmerte sich sehr um Ted, dennoch hielt der Junge stets eine gewisse Distanz zu ihm. Er engagierte sich in der Kirche der Methodisten und bei den Pfadfindern, aber an sonstigen sozialen Kontakten lag ihm nicht sonderlich viel. Später sagte er einmal, daß er im Grunde nie verstanden habe, weshalb Menschen daran liegen sollte, Freunde zu gewinnen.

Schon früh faszinierten ihn dagegen alle möglichen sex- und gewaltverherrlichenden Abbildungen. Maßgeblich mitverantwortlich hierfür dürfte Teds Großvater gewesen sein, der offenbar ein Tierquäler war und eine große Vorliebe für pornographische Sammlungen besaß, mit der er auch vor Kindern nicht zurückhielt. Ted sah sich entsprechend früh nach solcher Literatur in Bibliotheken um, mit Vorliebe nach Büchern über spektakuläre Verbrechen, in denen Leichen oder sadistische Szenen abgebildet waren.

Noch bevor er die Woodrow Wilson High School abschloß, entwickelte er eine gewisse Neigung zur Kleptomanie und Kriminalität. Er stahl Bücher, Skier und Skiausrüstungen, Gegenstände aus Läden und fälschte Karten für den Skiliftbetrieb. Die Folge war, daß er als Jugendlicher zweimal eingesperrt wurde. Seine Akten wurden jedoch später wieder gelöscht.

Im Jahr 1965 schloß Ted Bundy die High School erfolgreich ab und bekam ein Stipendium für die Puget Sound-Universität, wo er sich für Psychologie und Chinesisch einschrieb. Nach zwei Semestern wechselte er an die Universität von Washington in Seattle. Nebenbei arbeitete er in einem Supermarkt, wo er die Einkäufe der Kunden verpackte und Regale einräumte. Überdies übernahm er freiwillige Nachtschichten für eine Selbstmord-Hotline in Seattle.

Politisch engagierte er sich sehr für die Partei der Republikaner. Im Jahr 1968 leitete er Nelson Rockefellers Büro von Seattle im Präsidentschaftswahlkampf; im gleichen Jahr besuchte er als Rockefeller-Anhänger die Partei in Miami, Florida. Bundy war nicht nur bei seinen Professoren recht beliebt, sondern hatte auch mehrere Freundinnen, wobei keine von der Existenz der anderen wußte. So begann er im Jahr 1969 eine Beziehung mit Elizabeth

Kloepfer, einer geschiedenen Sekretärin, die eine Tochter hatte. Gleichzeitig lernte er die Schriftstellerin Ann Rule kennen, die später sogar seine Biographie schreiben sollte. Und dann war da noch Stephanie Brooks, in die er sich leidenschaftlich verliebt hatte. Doch das Mädchen ließ ihn irgendwann fallen wie eine heiße Kartoffel, was Bundys Selbstwertgefühl erheblich verletzt zu haben schien. Als sie ihm Jahre später wieder begegnete und ihm Avancen machte, blieb er kühl und abweisend; sie bedeutete ihm nichts mehr.

1973 schrieb er sich in der juristischen Fakultät ein, mußte aber bald feststellen, daß er sich nicht unbedingt für dieses Studium eignete, und so brach er es wieder ab. Bundy veränderte sich hin zum verschlossenen Einzelgänger: Er brach alle Beziehungen zu Freundinnen ab, indem er deren Anrufe entweder gar nicht mehr entgegennahm oder aber einfach nicht beantwortete. Zur selben Zeit verschwanden junge Frauen auf meist unerklärliche Weise.

Hinweise darauf, wann Ted Bundy damit angefangen hatte, Menschen zu töten, ließen sich nicht zweifelsfrei finden. Manche Ermittler waren der Ansicht, daß er bereits im Jahr 1961, mit 14 Jahren, ein achtjähriges Mädchen entführt und getötet haben soll. Diese Tat bestritt er zeitlebens. Einem seiner Anwälte gegenüber erzählte er jedoch, daß er *»um das Jahr 1969 herum«* erstmals eine Frau entführt und seinen ersten Mord *»irgendwann 1972«* begangen habe. Der erste Mord, den man ihm nachweisen konnte, wurde indes 1974 verübt. Damals war er 27 Jahre alt.

Am 4. Januar 1974, es war kurz nach Mitternacht, drang Bundy in das im Keller gelegene Schlafzimmer der 18jährigen Studentin Sharon Clarke ein und schlug mit einer Eisenstange auf sie ein, die er ihr alsdann in die Vagina rammte. Sharon wurde am nächsten Morgen von

Mitbewohnern in einer Blutlache liegend entdeckt. Länger als eine Woche lag sie im Koma, konnte allerdings gerettet werden. Die junge Frau war jedoch nicht in der Lage, der Polizei brauchbare Informationen über den Tathergang bzw. den Täter zu liefern. Sie trug einen bleibenden Hirnschaden davon.

Das nächste Opfer wurde am 1. Februar 1974 die 21jährige Lynda Ann Healy, eine Mitbewohnerin seines Cousins Alan Scott. Lynda, die an der Universität Washington Psychologie studierte, jobbte nebenher für einen städtischen Radiosender, wobei sie morgens einen Skireport lieferte. Zu diesem Zweck mußte sie täglich bereits um halb sechs Uhr morgens aufstehen. Als es eines Tages um halb neun Uhr morgens noch immer läutete, ging ihre Kommilitonin nach ihr sehen. Da Lyndas Bett wie unberührt schien, vermutete sie, daß die Freundin bereits das Haus verlassen hatte. Erst am Abend untersuchte man das Zimmer genauer. Dabei fand man die Bezüge und Laken des Bettes blutgetränkt. Auch Lyndas Nachthemd, das im Schrank hing, war voller Blut. Von dem Mädchen selbst fehlte jede Spur.

In der Folgezeit verschwanden nahezu jeden Monat immer wieder Studentinnen. Am 12. März 1974 entführte und tötete Ted die 19jährige Donna Manson, die an diesem regnerischen Dienstagabend ein Jazz-Konzert hatte besuchen wollen. Ab dem 17. April 1974 wurde die 18jährige Susan Rancourt vermißt. In diesem Zusammenhang berichteten zwei Frauen, daß sie von einem Mann mit Gipsarm gebeten worden seien, ihm beim Tragen von Büchern zu seinem VW-Käfer behilflich zu sein. Am 6. Mai und am 1. Juni 1974 verschwanden die 22jährige Roberta Parks und die gleichaltrige Brenda Ball, zwei weitere Studentinnen, am 11. Juni die 18jährige Georgeann Hawkins. Auch in diesem Fall hatte eine Zeugin von einem Mann berichtet, der sie angesprochen habe, ihr zu helfen. Diesmal jedoch hatte er ein Gipsbein und Probleme mit seinem Aktenkoffer. Am 14. Juni 1974 bat ein Mann, der den Arm in einer Schlinge trug, die 23- bzw. 19jährigen Studentinnen Janice Ott und Denise Naslund im Lake Sammamish State Park, einem beliebten Ausflugsziel in Seattle, um Hilfe. Auch diese beiden Mädchen wurden entführt und ermordet.

Inzwischen lagen der Polizei einige brauchbare Beschreibungen von einem Mann namens Ted und dessen Auto, einem braunen VW-Käfer, vor. Zeugen wollten außerdem bemerkt haben, daß eben dieser Ted mit britischem oder eventuell kanadischem Akzent gesprochen habe. Es wurden Phantomzeichnungen angefertigt und Flugblätter mit den wichtigsten Informationen im Raum Seattle verteilt. Zahlreiche Hinweise – an manchen Tagen waren es um die 200 – gingen daraufhin bei den Polizeidienststellen ein, darunter war auch der einer Universitätsprofessorin, die im Rahmen der Fahndung einen äußerst gepflegten, jungen Jurastudenten zu erkennen glaubte. Merkwürdigerweise schenkten die Ermittler der Meldung keine große Beachtung.

Schließlich wurden am 7. September 1974 in der Nähe von Issaquah, an der Interstate 90, die zerstückelten Leichen von zwei Studentinnen entdeckt. Allerdings fanden sich gleichenorts auch Oberschenkelknochen und eine Wirbelsäule, die nicht zu den beiden Toten gehörten. Bei einer späteren Tatortbegehung gab Bundy an, daß es sich bei diesen Leichenteilen um das Opfer Georgeann Hawkins handeln könne. Zwischen dem 1. und 3. März 1975 wurden in dem gleichen Gebiet zudem vier komplette Totenschädel aufgefunden. Bundy behauptete, daß er dort sogar noch eine weitere Leiche habe verschwinden lassen. Von dieser Toten fand sich bis heute keine Spur.

Im Herbst 1974 schien dem Mörder der Boden unter den Füßen zu heiß geworden zu sein. Bundy zog nach Salt Lake City, der Mormonenstadt in Utah, um an der dortigen Universität sein Jurastudium fortzusetzen. Gleich am 2. September 1974 nahm er eine Anhalterin mit, die er vergewaltigte und dann erwürgte. Bis heute konnte die Identität dieser Frau nicht geklärt werden. Diese brutale Tat schien der Auftakt für eine weitere Mordserie zu sein.

In Holladay verschwand am 2. Oktober 1974 die 16jährige Nancy Wilcox. Zuletzt wurde sie in einem VW-Käfer gesehen; ihre Leiche wurde nie gefunden. Am 18. Oktober 1974 entführte Bundy Melissa Smith, die 17jährige Tochter des Polizeichefs von Midvale. Ihre Leiche wurde neun Tage später gefunden. Sie war anal und vaginal mißbraucht und anschließend erwürgt worden. Am 31. Oktober entführte er die 17jährige Laura Aime, die auf dem Heimweg von einer Halloween-Party gewesen war. Ihre nackte Leiche wurde gegen Ende November an einem Flußufer im American Fork Canyon gefunden. Sie war erschlagen und erwürgt worden.

Am 8. November 1974 betrat Bundy, der sich diesmal als »Polizist Roseland« ausgab, ein Modegeschäft in Murray, ging dort auf eine Frau, Carol Da Ronch, zu und behauptete, jemand habe ihr Auto aufbrechen wollen, sie möge ihn bitte aufs Revier begleiten. Die Frau stieg in seinen Wagen, wollte aber keinen Sicherheitsgurt anlegen. Bundy fuhr ein kurzes Stück und zog dann plötzlich Handschellen hervor, um seinem Opfer keine Chance zur Flucht zu geben. Als sich die Frau wehrte, entstand ein wildes Handgemenge, und obwohl Bundy mit einem Brecheisen auf sie einzuschlagen versuchte, schaffte er es nicht, sie zu überwältigen. Statt dessen gelang es ihr, die Tür des fahrenden Autos zu öffnen und sich auf die Straße rollen zu lassen.

Nur eine knappe Stunde später fiel mehreren Personen an der Viewmont High School ein Mann auf, der zwei Schauspielschüler, die gerade für die Komödie *The Redhead (Der Rotkopf)* probten, aufforderte, einen auf dem Parkplatz abgestellten Wagen zu identifizieren. Sie weigerten sich, doch der seltsame Fremde gab nicht auf. Er wurde kurz vor dem Ende der Proben erneut beobachtet, wie er hinter den Kulissen herumlungerte, diesmal heftig atmend, mit zerzausten Haaren und aus der Hose hängendem T-Shirt. Erst später stellte sich heraus, daß Debby Kent, eine 17jährige, während der Pause den Theatersaal verlassen hatte, um ihren Bruder abzuholen. Sie wurde nie wieder gesehen.

Im Jahr 1975 studierte Bundy immer noch an der Universität von Salt Lake City. Seine Morde verlagerte er neuerdings jedoch in den Bundesstaat Colorado. Dort verschwand gleich am 12. Januar die 23jährige Krankenschwester Caryn Campbell. Sie hatte zusammen mit Dr. Raymond Gadowski, ihrem Verlobten, und dessen beiden Kindern, im Hotel »Wildwood Inn« in Snowmass eingecheckt, um ein paar Tage Urlaub zu verbringen. Ihr Verlobter, ein angesehener Herzspezialist, nahm gleichzeitig an einem Symposium für Kardiologie teil. Als sie nach einem Abendessen schnell auf ihr Zimmer gehen wollte, um eine Broschüre zu holen, kam sie nicht mehr wieder. Sie verschwand spurlos. Erst am 17. Februar entdeckte ein Autofahrer, dem ein aufgeregter Schwarm Krähen aufgefallen war, ihre nackte Leiche im Schnee. Caryn Campbell war vergewaltigt und danach mit einer Eisenstange erschlagen worden.

Am 15. März 1975 verschwand die Skilehrerin Julie Cunningham. Ihr hatte sich Bundy auf Krücken genähert und sie gefragt, ob sie ihm die Skischuhe zum Auto tragen könne. Ihre Hilfsbereitschaft belohnte er mit dem Brecheisen.

Anschließend fesselte er sie mit Handschellen. Kurz darauf, am 6. April, fiel ihm Denise Oliverson zum Opfer. Bundy bestätigte später diese Entführungen, Vergewaltigungen und Morde.

Am 6. Mai 1975 wurde im Bundesstaat Idaho die zwölfjährige Lynette Culver vermißt gemeldet. Bundy hatte ihr vor ihrer Schule in Pocatello aufgelauert und sie dann in ein Hotel verschleppt. Dort vergewaltigte und ertränkte er das Mädchen.

Zurück in Utah, entführte er am 28. Juni 1975 eine weitere Studentin. Diesen Mord gestand Bundy in den letzten Minuten vor seiner Hinrichtung. Vier seiner Opfer in Idaho, Utah und Colorado wurden übrigens nie gefunden.

Inzwischen liefen die polizeilichen Ermittlungen im Staate Washington auf Hochtouren; der Computer wurde mit immer neuen Daten gefüttert. Es galt, Gemeinsamkeiten zu finden, die man bislang eventuell übersehen hatte. Und tatsächlich stieß man plötzlich auch auf Ted Bundy. Noch bevor man gegen ihn vorgehen konnte, ging im August 1975 ein bedeutender Anruf ein: Der »Campus-Killer«, wie man ihn mittlerweile nannte, war in Utah geschnappt worden.

Ted Bundy hatte bei einer Polizeikontrolle nicht angehalten. Als sein Wagen von dem Polizisten durchsucht wurde, fielen diesem einige Merkwürdigkeiten auf. So fehlte zum Beispiel der komplette Beifahrersitz. Im Kofferraum lagen zudem einige verdächtige Gegenstände: eine Skimaske, eine Strumpfmaske, Handschellen, ein Brecheisen, Mülltüten, ein Eispickel und diverse Einbruchswerkzeuge. Warum Bundy alle diese Dinge in seinem Kofferraum verwahrte, konnte er nicht plausibel erklären. Weil die Polizei jedoch genügend Zeugenaussagen zusammengetragen hatte, welche Personen- und Fahrzeugbeschreibungen beinhalteten, ging sie davon aus, daß sie hiermit den Mann verhaftet hatte, der im Zusammenhang mit den Entführungs- und Mordfällen gesucht wurde. Und in der Tat wurde Bundy bei einer Gegenüberstellung als möglicher Täter identifiziert. In seiner Wohnung wurde außerdem eine Broschüre über die Skigebiete Colorados sichergestellt; unter den Hinweisen zu den Übernachtungsmöglichkeiten war das Hotel »Wildwood Inn« vertreten und mit einem Häkchen versehen.

Unmittelbar nachgewiesen werden konnte Bundy zu dem Zeitpunkt freilich nur die Entführung jener Frau, der es geglückt war, sich aus dem fahrenden Auto zu stürzen. Bundy wurde wegen dieser Entführung am 1. März 1976 zu 15 Jahren Haft verurteilt. Als die Behörden in Utah erfuhren, daß man in Colorado wegen Mordes gegen Bundy ermittelte, wurde er den Zuständigen dieses Bundesstaates ausgeliefert.

Im Prozeß in Colorado vertrat sich der gelernte Jurist Bundy selbst, weshalb man ihm gestattete, auch die

Bundy (Mitte) vor Gericht.

Gerichtsbibliothek zu benutzen. Von dort aus glückte ihm eine spektakuläre Flucht: Am 7. Juni 1977 sprang er aus einem Fenster im zweiten Stock. Dabei verstauchte er sich zwar einen Knöchel, schaffte es aber, aus der Stadt zu entkommen und sich in einer einsamen Jagdhütte in den Bergen zu verstecken. Als sein Knöchel abgeschwollen war und er sich wieder schneller bewegen konnte, stahl er ein Fahrzeug und kehrte damit in die Stadt zurück.

Da das Standlicht des gestohlenen Cadillacs eingeschaltet war und er in Schlangenlinien fuhr, geriet er ins Visier zweier Verkehrspolizisten. Bundy wurde angehalten, erkannt und am 13. Juni 1977 erneut verhaftet. Während er sich in Untersuchungshaft im Garfield County-Gefängnis befand, überlegte er verzweifelt, wie er noch einmal fliehen könnte. Er besorgte sich ein Sägeblatt und 500 Dollar Bargeld. Dann sägte er zwei Wochen lang die Schweißnähte einer Metallplatte in der Decke durch, zwängte sich durch die entstandene Öffnung und flüchtete am 30. Dezember 1977 über den Lüftungsschacht des Waschraums des Gefängnisdirektors (!). Anschließend spazierte er ungehindert zur Tür hinaus.

Bundy hatte es tatsächlich ein zweites Mal geschafft. Draußen stürmte und schneite es, außerdem war es bitter kalt. Da das Fahrzeug, das er kurzerhand gestohlen hatte, schon nach kurzer Strecke streikte, mußte sich der Mörder als Anhalter versuchen. Auf diese Weise gelangte er nach Vail, bestieg den Bus nach Denver und flog von da aus nach Chicago.

Erst volle 17 Stunden nach seiner Flucht bemerkten die Gefängniswärter, daß der Vogel ausgeflogen war. Bundy hatte Bücher und Dokumente unter seine Bettdecke gelegt, um seine Anwesenheit vorzutäuschen. Während mittlerweile höchste Alarmbereitschaft im Gefängnis herrschte,

Entered NCIC

I. O. 4775
1-31-78

INTERSTATE FLIGHT - MURDER

WANTED BY FBI

THEODORE ROBERT BUNDY

FBI No. 251,163 P2

ALIASES: Rex Bundy, Ted Bundy, Ted Cowell, Theodore Robert Cowell, Theodore Robert Nelson, Bundy

NCIC: PI5408131119120S1113

4 I 1 R III 11
L 17 U OII

Photographs taken 1977

DESCRIPTION

AGE: 31, born November 24, 1946, Burlington, Vermont (not supported by birth records)
HEIGHT: 5'11" to 6'
WEIGHT: 145 to 175 pounds
HAIR: dark brown, collar length
BUILD: slender, athletic
EYES: blue
COMPLEXION: pale/sallow
RACE: white
NATIONALITY: American
OCCUPATIONS: bellboy, busboy, cook's helper, dishwasher, janitor, law school student, office worker, political campaign worker, psychiatric social worker, salesman, security guard
SCARS AND MARKS: [illegible] neck, [illegible] scalp
REMARKS: occas[illegible] stammers when [illegible] glasses, false [illegible] and beard as disguise in past, left-handed, can imitate British accent; reportedly physical fitness and [illegible]
SOCIAL SECURITY NUMBER USED: [illegible]

CRIMINAL RECORD

Bundy has been convicted of aggravated kidnaping.

CAUTION

BUNDY, A COLLEGE EDUCATED [illegible] FITNESS ENTHUSIAST WITH A PRIOR HISTORY OF ESCAPE, IS BEING SOUGHT AS A PRISON ESCAPEE AFTER BEING CONVICTED OF KIDNAPING AND WHILE AWAITING TRIAL INVOLVING BRUTAL SEX SLAYING OF WOMAN AT SKI RESORT. HE SHOULD BE CONSIDERED ARMED, DANGEROUS AND AN ESCAPE RISK.

A Federal warrant was issued on January 5, 1978, at Denver, Colorado, charging Bundy with unlawful interstate flight to avoid prosecution for the crime of murder (Title 18, U. S. Code, Section 1073).

IF YOU HAVE INFORMATION CONCERNING THIS PERSON, PLEASE CONTACT YOUR LOCAL FBI OFFICE. TELEPHONE NUMBERS AND ADDRESSES OF ALL FBI OFFICES LISTED ON BACK.

Identification Order 4775
January 31, 1978

Director
Federal Bureau of Investigation
Washington, D. C. 20535

DE-54 NOT RECORDED 21 FEB 2 1978

57 MAR 2 1978

FBI-Steckbrief. Gesucht: Bundy.

fuhr Bundy mit der Eisenbahn nach Michigan, mit einem erneut gestohlenen Auto nach Georgia und schließlich mit einem Bus nach Tallahassee in Florida.

Er mietete sich am 8. Januar 1978 unter dem Namen Chris Hagen in einer Pension ein und hielt sich mit Laden-, Auto- und Taschendiebstählen notdürftig über Wasser. In dieser Zeit ließ er sich einen Oberlippenbart wachsen; auf die rechte Wange malte er sich ein falsches Muttermal. Als er einmal versuchte, auf einer Baustelle Arbeit zu finden, entfernte er sich sofort wieder, als er nach seinem Ausweis gefragt wurde.

Am 15. Januar 1978, zweieinhalb Jahre nach dem letzten Mord, drang Bundy in das studentische Schwesternwohnheim »Chi Omega« ein, schlug – während alle schliefen – vier Studentinnen bewußtlos und brachte zwei von ihnen, die 20jährige Lisa Levy und die 21jährige Margaret Bowman, um. Der ganze Spuk dauerte nur etwa eine halbe Stunde. Danach brach er in eine weitere Studentenwohnung ein, prügelte auf eine Schlafende ein und verletzte sie schwer.

Am 5. Februar 1978 stahl Bundy von einem Parkplatz einen weißen Van, mit dem er nach Jacksonville fuhr, wo er ein paar Tage später die 14jährige Leslie Parmenter in ein Gespräch verwickelte und zu entführen versuchte. Doch als deren 20jähriger Bruder Danny unerwartet hinzukam, war sein Vorhaben zum Scheitern verurteilt. Bundy suchte enttäuscht das Weite. So schnell sollte ihm sein nächstes Opfer nicht entkommen.

Am 9. Februar 1978 hielt er sich in Salt Lake City auf. Um die Mittagszeit traf er vor der Junior High School auf die zwölfjährige Kimberly Ann Leach. Es gelang ihm, das arglose Kind zu entführen, dann vergewaltigte er es und brachte es um. Die bereits verwesende nackte Leiche wurde erst am 7. April von einem Streifenpolizisten in einem Schuppen am Suwannee River State Park entdeckt.

Am 15. Februar 1978 wurde er wieder einmal von einer Streife mit einem gestohlenen Auto angehalten, überprüft und festgenommen. Als der Polizist David Lee den Verbrecher zur Verwahrung aufs Revier brachte, sagte dieser zu ihm: *»Ich wünschte, Sie hätten mich getötet.«* Aufgrund der Fingerabdrücke konnte der Häftling den Morden in Tallahassee zugeordnet und dorthin überführt werden.

Im Juni des Jahres 1979 begann der Prozeß gegen Bundy in Miami, in dem er wegen der am 15. Januar 1978 verübten

Morde angeklagt wurde; auch diesmal verteidigte sich der Verbrecher selbst.

Es gab zwei Beweise, die ihn sehr belasteten. Das war zum einen die Aussage Nita Nearys, jener Augenzeugin, die ihn aus dem Verbindungshaus hatte kommen sehen und ihn identifiziert hatte, und zum anderen die Tatsache, daß Bundy Lisa Levy, einem seiner Opfer, in die Gesäßbacke gebissen hatte. Ein von der Polizei angefertigter Abdruck von Bundys Zähnen konnte mit der Bißwunde verglichen werden und ergab eine zweifelsfreie Übereinstimmung.

Nun wurde Ted Bundy zum Tode auf dem elektrischen Stuhl verurteilt. Doch vorher fand noch ein weiterer Prozeß gegen ihn statt, diesmal wegen der Ermordung der zwölfjährigen Kimberly Ann Leach. Auch in diesem Fall, dessen Vorsitz Richter Edward Cowart führte, gab es einen Augenzeugen, der gesehen hatte, wie Bundy das Mädchen zu seinem Auto geführt hatte. Außerdem waren Fasern sichergestellt worden, welche von der Kleidung des Mädchens stammten. Und auch in diesem Fall wurde ein Todesurteil gefällt.*

Noch während des Prozesses heiratete Bundy die Zeugin Carole Ann Boone, eine Verwaltungsangestellte, mit der

---

* Nachstehend eine Auflistung der identifizierten Opfer: Rita Lorraine Jolly (Juni 1973); Vicki Lynn Hollar (August 1973); Katherine Merry Devine (25. November 1973); Lynda Ann Healy (31. Januar 1974); Donna Manson (12. März 1974); Susan Rancourt (17. April 1974); Roberta Kathleen Parks (6. Mai 1974); Brenda Carol Ball (1. Juni 1974); Georgeann Hawkins (10. Juni 1974); Janice Ott (14. Juli 1974); Denise Naslund (14. Juli 1974); Nancy Wilcox (3. Oktober 1974); Melissa Smith (18. Oktober 1974); Laura Aime (31. Oktober 1974); Debbi Kent (8. November 1974); Caryn Campbell (12. Januar 1975); Julie Cunningham (15. März 1975); Denise Oliverson (6. April 1975); Sue Curtis (28. Juni 1975); Melanie Cooley (1. Juli 1975); Nancy Baird (4. Juli 1975); Debbie Smith (Februar 1976); Margaret Bowman (14. Januar 1978); Lisa Levy (14. Januar 1978) und Kimberley Ann Leach (9. Februar 1978).

er acht Jahre verheiratet blieb. 1982 wurde er Vater einer Tochter. Der aktuelle Aufenthaltsort von Frau und Tochter ist unbekannt. In der Todeszelle bekam Bundy mehrfach Besuch von Reportern, Schriftstellern, Ermittlern und sogar von Robert K. Ressler, einem namhaften Profiler des FBI. Ressler empfand den Killer als ausgesprochen unkooperativ, aber auch als sehr manipulativ. Vor allem verstimmte es ihn, daß Bundy von sich immer nur in der dritten Person gesprochen habe – und das auch nur in hypothetischer Form. *»Dieser Kerl war ein Tier«,* sagte er später, *»und es erstaunt mich, daß die Medien offenbar unfähig sind, das zu begreifen.«*

Bundys Mordmethode war im Grunde immer die gleiche gewesen. Im Vertrauen auf sein Aussehen, seinen Charme und seine Redegewandtheit hatte er sich an Mädchen und Frauen herangemacht, die ihn als mögliche Opfer reizten. Den Anschein von Autorität erweckend, wenn er sich als Polizist ausgab, war es ihm meist ganz leicht gelungen, Frauen zu überreden, mit ihm zu kommen oder ihn an abgelegene Orte zu begleiten. Dort schlug oder würgte er seine Opfer dann bis zur Bewußtlosigkeit. Anschließend vergewaltigte, erdrosselte oder erschlug er sie, zerstückelte die Leichen und transportierte sie an entfernte Stellen, um Spuren zu verwischen. Wenn er masturbiert hatte, kehrte er häufig auch an die jeweiligen Tatorte zurück.

Bei der Wahl seiner Opfer fühlte er sich von besonderen Reizen angesprochen. Die Frauen mußten lange, dunkle und in der Mitte gescheitelte Haare tragen. Die Medien zeichneten von dem intelligenten Ex-Studenten der Rechtswissenschaften zudem das Bild eines *»Mr. Nice Guy«,* eines hübschen jungen Mannes. In Wirklichkeit war Bundy jedoch alles andere als ein Rudolf Valentino der Serienmörder. Brutal war er, sadistisch und pervers. Kimberly Ann Leach, sein letztes Opfer, hatte er getötet, indem er den Körper in den Schlamm gepreßt hatte.

Im Laufe der Zeit bot Bundy dem Chef jener Mordkommission, die den Fall des »Green River Killers« bearbeitete, an, ihm bei der Aufklärung helfen zu wollen, er sei schließlich *»der beste Mann für entsprechende Hinweise«*, denn er habe einen Universitätsabschluß in Psychologie und sei selber ein Serienmörder, der wisse, was in solchen Menschen vorgehe. Zwei Ermittler ließen sich darauf ein und statteten ihm einen Besuch ab. Das Ergebnis brachte so gut wie keinen Erfolg.

Erst am letzten Tag vor seiner Hinrichtung gestand Bundy dem Ermittler Bob Keppel bei Vernehmungen zahlreiche weitere Morde. Dem Psychologen James Dobson gab er in der Todeszelle ein Fernsehinterview. Diesen erzkonservativen TV-Prediger dürfte der Mörder vermutlich genauso um den Finger gewickelt haben, wie es ihm bei zahlreichen Frauen gelungen war. Diejenigen, die ihn kannten, durchschauten sein Spiel. Elizabeth Kloepfer, eine seiner ersten Freundinnen, hatte es früh geahnt, denn die Tatorte deckten sich mit den Wohnorten ihres Freundes. Sie alarmierte die Polizei, doch die hatte ihn nur auf eine Liste mit etwa 3.500 Verdächtigen gesetzt, weiter aber nichts unternommen.

Ähnlich war man mit den Aussagen von Meg Anders, einer der ersten und engsten Freundinnen des Mörders, umgegangen. Meg hatte sich nach dem Doppelmord im »Lake Sammamish State Park« bei Seattle an die Polizei gewandt und zu Protokoll gegeben, daß es sich bei dem ominösen »Ted« um ihren Freund Bundy handeln könne. Sie habe Krücken im Zimmer entdeckt, außerdem Gips in einer Schublade. Unter dem Bett hätte sie gelegentlich Frauenkleider bemerkt, die ihr nicht gehörten. Besonders

Der elektrische Stuhl für Bundys Hinrichtung.

beunruhigt habe sie aber die Beobachtung, daß ihr Freund des öfteren während der Nacht verschwunden und dann erst sehr spät wieder zurückgekehrt sei. Außerdem habe er ein Buch besessen, das ihm offenbar sehr viel bedeutet habe, denn er habe sich immer wieder damit beschäftigt. In diesem Buch, *The Joy of Sex (Die Freude am Sex)*, seien auch sadistische Perversionen dargestellt gewesen, die Ted ihr ständig schmackhaft machen wollte. Nachdem er sie einmal beinahe erwürgt hätte, habe sie ihm diese Spiele konsequent verweigert. Als Ted dann nach Utah gegangen sei, um sein Studium fortzusetzen, habe eine Freundin sie angerufen und ihr mitgeteilt, daß es auch dort eine Reihe von Morden an Studentinnen gäbe. Da sei sich die junge Frau darüber im klaren gewesen, daß ihr Freund Ted Bundy dahinterstecken müsse.

Aber auch diese nahezu erdrückenden, und doch sehr überzeugenden Hinweise reichten den Ermittlern offensichtlich nicht. *»Für eine Festnahme besteht kein Anlaß«*, meinte man lapidar.

Ann Rule, auch eine Ex-Freundin und eine frühere Polizistin, schrieb über ihn: *»Er war ein sadistischer Soziopath, der das Leid anderer Menschen genoß.«* Bundys letzte Anwältin Polly Nelson, die ihm im Prinzip den elektrischen Stuhl ersparen wollte und zu der er zuletzt gesagt hatte: *»Ich war der kaltblütigste Mistkerl, auf den Sie je treffen konnten«*, erklärte später: *»Ted war die Verkörperung des herzlosen Bösen.«*

Mehr als ein Jahrzehnt hatte man quer durch die USA nach Ted Bundy gefahndet. Er wurde verhaftet, wieder laufen gelassen, wieder erwischt, angeklagt und zum Tode verurteilt. Sein Fall füllte Titelseiten, TV-Sendungen und eine besonders dicke Akte beim FBI, was ihn zu einem der zehn meistgesuchten Killer der Vereinigten Staaten machte. Für seine Ergreifung wurden 100.000 Dollar Kopfgeld ausgesetzt. Bücher wurden über ihn geschrieben und Doktorarbeiten verfaßt; für den Krimiautor Thomas Harris war er sogar die Vorlage für den Protagonisten in dem Roman *Das Schweigen der Lämmer*. Trotz alledem blieb Ted Bundy ein Rätsel. Die Zahl seiner Opfer dürfte zwischen 35 und 60 gelegen haben, es gibt aber auch Ermittler, die sie auf weit über 60 schätzen. Lediglich 28 Opfer konnten identifiziert und mit ihm in Zusammenhang gebracht werden.

Ted Bundy starb am 24. Januar 1989 auf dem elektrischen Stuhl im Florida State-Gefängnis. Mit seinen letzten Worten grüßte er *»Familie und Freunde«*. Dann jagte ein Stromstoß mit 2000 Volt durch seinen Körper. Um 7.16 Uhr war der Serienmörder tot. Eine halbe Stunde nach der Hinrichtung verließ ein Wagen mit Bundys Leichnam das Gefängnis in Richtung Krematorium, wo er verbrannt wurde. Dem Fahrzeug folgte eine johlende Menge. Die Asche des vielfachen Mörders wurde in den Bergen des Bundesstaates Washington verstreut.

Bundys Lebensgeschichte wurde 1986 von Marvin J. Chomsky mit Mark Harmon in der Hauptrolle verfilmt; die deutsche Fassung trug den Titel *Alptraum des Grauens*. 2002 und 2008 gab es zwei weitere Verfilmungen.

Nachstehend folgt das bereits erwähnte Interview zwischen James C. Dobson (JCD) und Ted Bundy (TB) aus der Todeszelle in deutscher Übersetzung:

JCD: *Sind Sie der Ermordung vieler junger Frauen und Mädchen schuldig?*

TB: *Ja, das stimmt.*

JCD: *Wie ist das alles passiert? Denken Sie doch noch einmal an alles zurück. Was ist vor all dem Schrecklichen, das in der Öffentlichkeit bekannt ist, passiert, was ist hinter den Kulissen geschehen? Sie sind doch in einem, wie Sie es bezeichnen, gesunden Elternhaus aufgewachsen. Sie wurden niemals physisch, sexuell oder emotional mißbraucht.*

TB: *Nein. Und das ist auch ein Teil dieser Tragödie. Ich wuchs in einem wundervollen Heim auf, bei hingebungsvollen und liebenden Eltern. Ich habe vier Geschwister. Wir Kinder waren für die Eltern sehr wichtig und gingen auch regelmäßig zur Kirche. Meine Eltern waren keine Spieler, Raucher oder Alkoholiker. Niemand von uns wurde körperlich mißhandelt oder geschlagen. Es war natürlich nicht perfekt, aber ich würde sagen, daß es ein gutes christliches Zuhause war. Ich hoffe, daß das niemand falsch versteht und mißbraucht, um meiner Familie die Schuld zuzuschieben. Ich will Ihnen gern alles so ehrlich, wie es mir möglich ist, erzählen. Als Zwölfjähriger habe ich im örtlichen Laden zum ersten Mal Pornohefte gesehen. Als junger Bursche haben wir uns in der Nachbarschaft herumgetrieben und auch mal im Müllcontainer gewühlt, um zu schauen, was die Nachbarn so wegwerfen. Und von Zeit zu Zeit stolperten wir dann über härtere Pornohefte, mehr Bilder und auch Gewaltszenen. Die schlimmste Art von Pornographie – und ich spreche aus harter, realer, persönlicher Erfahrung – ist die, die Gewalt, und zwar sexuelle Gewalt, beinhaltet. Die Vereinigung dieser beiden Kräfte – und ich weiß das nur zu gut – bringt ein Verhalten hervor, das zu schrecklich ist, um es in Worten zu beschreiben.*

JCD: *Erklären Sie mir das genauer. Was ging in Ihnen vor zu dieser Zeit?*

TB: *Bevor wir fortfahren, möchte ich betonen, daß es mir wichtig ist, daß die Menschen glauben, was ich sage.*

Ich schiebe die Schuld nicht auf die Pornographie. Ich sage nicht, daß sie mich veranlaßt hat, rauszugehen und gewisse Dinge zu tun. Ich nehme die volle Verantwortung auf mich für all die Sachen, die ich gemacht habe. Das steht hier nicht zur Debatte. Es geht darum, wie diese Art von Literatur dazu beigetragen hat, diese Arten von Gewalt zu prägen und zu formen.

JCD: *Sie schürte Ihre Phantasien.*

TB: *Am Anfang schürte sie den Denkprozeß. Dann, zu einer bestimmten Zeit, half sie mit, alles herauszufiltern, diesen Denkprozeß beinahe zu einem selbständigen inneren Wesen zu machen.*

JCD: *Sie gingen in Ihrer Phantasie so weit, wie Sie nur konnten, und zwar mit all dem Gedruckten, den Fotos, den Videos und so weiter, und dann drängte es Sie, den Schritt zu einem körperlichen Erlebnis zu tun.*

TB: *Wenn du einmal süchtig danach geworden bist, und ich sehe das als eine Art Sucht an, dann suchst du nach wirksamerem, detaillierterem und anschaulicherem Material. Bei einer Sucht hört man aber nicht auf, sondern sehnt sich nach immer Härterem, nach etwas, das einen noch mehr in Erregung versetzt, bis man zu dem Punkt kommt, an dem nur noch die Pornographie weiter geht. Und das ist der springende Punkt, wo du denkst, daß es dann vielleicht wirklich darüber hinausgeht, über das was man liest oder sieht.*

JCD: *Wie lange waren Sie an diesem Punkt, bevor Sie tatsächlich jemanden vergewaltigt haben?*

TB: *Einige Jahre. Ich hatte starke Hemmungen davor, kriminelles und gewalttätiges Verhalten auszuüben. Das war von meiner Nachbarschaft, meinem Umfeld, der Kirche und den Schulen so in mich hineingelegt worden. Ich wußte, daß es falsch war, darüber nachzudenken, und es zu tun war natürlich erst recht falsch. Ich war an einer Grenze angekommen und die letzten Reste von Selbstbeherrschung wurden ständig getestet und durch meine Phantasien angegriffen, die wiederum größtenteils durch die Pornographie angeheizt wurden.*

JCD: *Erinnern Sie sich daran, was Sie dazu gebracht hat, diese Grenze zu überschreiten? Erinnern Sie sich an die Entscheidung, es tun zu wollen? Erinnern Sie sich an den Augenblick, da Sie beschlossen haben, alle Vorsicht in den Wind zu schlagen?*

TB: *Es ist sehr schwer zu sagen, wann der Punkt kam, an dem ich fühlte, daß ich es nicht mehr kontrollieren konnte. Die Grenzen, die ich als Kind gelernt hatte, waren nicht stark genug, um mich davor zurückzuhalten, rauszugehen und jemanden anzugreifen.*

JCD: *Könnte es richtig sein, wenn man diesen Zustand als sexuellen Rausch bezeichnete?*

TB: *Das wäre eine Möglichkeit, ein Zwang, eine Ansammlung dieser zerstörerischen Energie. Eine andere Tatsache, die ich nicht erwähnt habe, ist der Gebrauch von Alkohol. Als ich mich der Pornographie aussetzte, reduzierte Alkohol meine Hemmungen zusätzlich [...].*

JCD: *Welche Emotionen kamen in ihnen auf, nachdem Sie Ihren ersten Mord begangen hatten? Was geschah in den Tagen danach?*

TB: *Auch noch nach so vielen Jahren ist es schwierig, darüber zu sprechen. Es durch das Gespräch wieder zu erleben, ist – gelinde gesagt – schwierig. Aber ich möchte, daß Sie verstehen, was da geschah. Es war, wie wenn man aus einem schrecklichen Traum oder aus Trance erwacht. Ich kann es nur damit vergleichen – und ich möchte es nicht überdramatisieren –, von etwas sehr Häßlichem und Fremdem besetzt zu sein. Und wenn du da am nächsten*

Morgen erwachst und dich erinnerst, was da passiert ist, dann weißt du, daß du vor dem Gesetz und in den Augen Gottes dafür verantwortlich bist. Am Morgen zu erwachen und zu realisieren, was ich bei klarem Bewußtsein getan habe, mit all meiner grundlegenden Moral und meinem intakten ethischen Empfinden, das erfüllte mich mit Abscheu vor mir selbst.

JCD: *Wußten Sie vorher nicht, daß Sie dazu fähig wären?*

TB: *Es gibt keine Möglichkeit, den brutalen Drang, so etwas zu tun, zu beschreiben. Und wenn er mal befriedigt oder verausgabt war und dieses Energieniveau wieder sank, dann wurde ich wieder zu mir selbst. Im Grunde war ich eine ganz normale Person. Ich war kein Typ, der in Bars herumhing oder ein Herumtreiber. Ich war kein Perverser in dem Sinn, daß die Leute jemanden anschauen und sagen: ›Ich weiß, daß mit dem was nicht stimmt.‹ Ich war eine normale Person. Ich hatte gute Freunde. Ich führte ein normales Leben, abgesehen von diesem einzigen, kleinen, aber sehr mächtigen und zerstörerischen Element, das ich aber sehr geheim und ganz für mich behielt. Diejenigen von uns, die so sehr von Gewalt in den Medien, speziell von Pornographie beeinflußt worden sind, sind nicht irgendwelche Monster von Geburt an. Wir sind eure Söhne und Ehemänner. Wir sind in normalen Familien aufgewachsen. Pornographie kann heutzutage ihren Arm ausstrecken und ein Kind aus irgendeinem Haus erwischen. Sie erwischte mich in meinem eigenen Zuhause vor 20 oder 30 Jahren. So gewissenhaft meine Eltern auch waren – und sie waren gewissenhaft darin, ihre Kinder zu schützen – und so ein gutes christliches Zuhause wir auch hatten, es gibt keinen richtigen Schutz gegen die Einflüsse, die in einer Gesellschaft freigesetzt werden, die alles toleriert.*

JCD: *Außerhalb dieser Mauern gibt es mehrere hundert Reporter, die mit Ihnen sprechen wollten, doch Sie baten mich zu kommen, weil Sie mir etwas sagen wollten. Sie spüren, daß harte Pornographie und die Tür dazu, die Softpornographie, unermeßlichen Schaden anrichten kann, weil sie dazu führt, daß Frauen mißbraucht oder gar getötet werden, wie es bei Ihnen auch geschah.*

TB: *Ich bin kein Sozialwissenschaftler und ich gebe nicht vor zu glauben, was John Q. Citizens darüber denkt, aber ich habe nun schon eine lange Zeit im Gefängnis verbracht und traf eine Menge Männer, die dazu verleitet worden sind, Gewalt anzuwenden. Sie alle waren ausnahmslos tief in Pornographie verstrickt, im Innern aufgezehrt durch ihre Sucht. Sogar die Studie vom FBI über wiederholte Tötungsdelikte zeigt auf, daß der weitaus größte Teil der Serienmörder Pornographen sind. Es ist wirklich wahr.*

JCD: *Wie wäre denn Ihr Leben ohne diesen Einfluß verlaufen?*

TB: *Ich weiß, daß es viel besser gewesen wäre, nicht nur für mich, sondern auch für viele andere Menschen – Opfer und Familien. Es steht außer Frage, daß es ein besseres Leben gewesen wäre. Ich bin absolut davon überzeugt, daß es nicht diese Art von Gewaltbereitschaft bei mir hervorgebracht hätte.*

JCD: *Wenn ich berechtigt wäre, diese Art von Fragen zu stellen, die sich die Leute stellen, dann wäre eine davon: ›Denken Sie über alle diese Opfer und Familien nach, die so sehr verletzt worden sind?‹ Auch Jahre später ist Ihr Leben nicht normal geworden. Sie werden nie mehr normal sein. Haben Sie Gewissensbisse?*

TB: *Ich weiß, daß die Leute mich verurteilen werden, egoistisch zu sein, aber durch Gottes Hilfe konnte ich – viel zu spät – zu dem Punkt kommen, an dem ich die Verletzungen und den Schmerz, für die ich verantwortlich bin, fühlen kann. Ja, tatsächlich! In den letzten Tagen haben ich und eine Anzahl von Untersuchungsbeamten über ungelöste Fälle mit mir gesprochen, über Morde, in die ich verwickelt gewesen bin. Es war hart, über das Jahre später zu sprechen, weil es all die schrecklichen Gefühle und Gedanken wiederbelebte, die ich standhaft und unablässig verarbeitet hatte, erfolgreich übrigens, wie ich denke. Das Abgeschlossene wurde wieder geöffnet, und ich spürte den Schmerz und das Grauen. Ich hoffe, daß diejenigen, denen ich so viel Leid zugefügt habe, auch wenn sie mir meinen Ausdruck der Reue nicht glauben, dennoch glauben, was ich nun sagen werde: Da sind die, die draußen frei herumlaufen in Ihren Städten und Gemeinden, solche wie ich, deren gefährlicher Drang Tag für Tag durch die vielfältige und insbesondere die sexuelle Gewalt in den Medien genährt wird. Es erschreckt mich, wenn ich sehe, was man im Kabelfernsehen alles sehen kann. Manche Gewaltszenen in den Filmen, die heutzutage in den Haushalten ausgestrahlt werden, hätte man vor 30 Jahren nicht einmal in nicht jugendfreien Kinofilmen gezeigt.*

JCD: *Meinen Sie die »slasher movies« oder »snuff videos«?*

TB: *Ja, denn das ist die einprägsamste Gewalt auf den Bildschirmen, vor allem wenn Kinder unbeaufsichtigt sind oder sich nicht bewußt sind, daß auch aus ihnen ein Ted Bundy werden könnte, daß sie eine Veranlagung zu einem solchen Verhalten haben könnten.*

JCD: *Der letzte Mord, den Sie begangen haben, war der an der zwölfjährigen Kimberley Leach. Ich denke, daß die öffentliche Entrüstung hier größer war, weil es sich um ein unschuldiges Kind gehandelt hat, das Sie vom Spielplatz weggeholt haben. Wie fühlten Sie sich danach? Waren das normale Gefühle?*

TB: *Ich kann darüber im Moment nicht sprechen. Es ist zu schmerzhaft. Ich wollte, ich könnte ausdrücken, wie sich diese Erfahrung anfühlt, aber es wäre mir bestimmt nicht möglich, darüber zu reden. Ich kann mir nicht einmal ansatzweise vorstellen, was es für ein Schmerz sein muß, den die Eltern dieser Kinder und jungen Frauen, denen ich etwas angetan habe, fühlen müssen. Ich kann nicht viel wiedergutmachen, wenn überhaupt etwas. Ich würde nicht so tun als ob, und ich erwarte schon gar nicht, daß sie mir vergeben. Ich bitte auch nicht darum. Diese Art der Vergebung kann man nur von Gott erwarten. Wenn sie dies können, dann ist es gut; falls nicht, dann sind sie vielleicht eines Tages dazu imstande.*

JCD: *Verdienen Sie die Strafe, die der Staat Ihnen auferlegt hat?*

TB: *Das ist eine gute Frage. [...] Ich verdiene wirklich die härteste Strafe, die eine Gesellschaft verhängen kann. Und ich denke, daß die Gesellschaft vor mir und meinesgleichen beschützt werden muß. Das steht außer Frage. Ich hoffe, daß dies klargeworden ist. Denn da sind einerseits die wohlmeinenden Menschen, die das Verhalten und die Taten eines Ted Bundy verurteilen, während sie gleichzeitig an Zeitschriftenregalen vorbeilaufen, die gefüllt sind mit genau den Dingen, welche die Kinder dazu bringen, möglicherweise zu Ted Bundys zu werden. Dies ist die Ironie an dem Ganzen. Ich spreche davon, weiter als die Strafe zu gehen, die die Leute mir geben wollen. Es gibt keinen anderen Weg, diese wunderbaren Kinder ihren Eltern zurückzugeben und deren Schmerz zu besänftigen und zu stillen, als mich zu töten. Aber da sind noch viele andere Kinder, die auf den Straßen dieses Landes heute spielen und morgen oder übermorgen tot sein werden, weil andere junge Menschen diese Sachen lesen und sehen, die heutzutage in den Medien verfügbar sind.*

JCD: *Da draußen herrscht ein unglaublicher Zynismus über Sie, vermute ich. Ich bin nicht sicher, ob es überhaupt etwas gibt, das Sie sagen könnten, was die Leute glauben würden. Trotzdem haben Sie mir gesagt [...], daß Sie die Vergebung durch Jesus Christus angenommen haben, an ihn glauben und ihm nun nachfolgen werden. Gibt Ihnen das jetzt Kraft, da Sie sich Ihren letzten Stunden nähern?*

TB: *Ja, das gibt es. Ich könnte nicht sagen, daß ich mich daran gewöhnt hätte, im Tal der Todesschatten zu sein, oder daß ich nun stark genug sei und mich nichts mehr beunruhigen könnte. Nein, das alles ist kein Vergnügen. Man wird einsam, doch ich sage mir, daß jeder von uns früher oder später einmal diesen Weg gehen wird.*

JCD: *Ja, er ist dem Menschen vorherbestimmt.*

TB: *Unzählige Millionen von Menschen, die vor uns auf dieser Erde gewandelt sind, sind ihn schon gegangen. Also handelt es sich hierbei um eine Erfahrung, die wir alle gemeinsam machen werden.«*

DAS MONSTER VON MILWAUKEE

Der Fall Jeffrey Dahmer (1978–1991)

»Der Bursche wollte gehen, und ich wollte nicht, daß er ging.«

Völlig normal begann Jeffrey Lionel Dahmers Leben in Milwaukee im US-Bundesstaat Wisconsin, von wo er noch im Kindesalter fortzog. Nach seiner Rückkehr als innerlich zerrissener junger Mann brannte er der Stadt sein unauslöschliches Zeichen ein: Im Gewahrsam der Polizei gab er zu, 17 bestialische Morde begangen zu haben. Das älteste seiner Opfer war 33, das jüngste erst 14 Jahre alt.

Alle Opfer waren für den Täter Fremde gewesen, gegen keinen von ihnen hatte er einen persönlichen Groll gehegt. In einigen Fällen gab es für die schreckliche Tat keinen anderen Beweis als das Wort des Mannes, es getan zu haben.

Wie hatte es zu dieser etwa dreizehn Jahre lang andauernden Mordserie kommen können? Weshalb hatten weder Dahmers Eltern noch die Vertrauenslehrer in der Schule, weder die Armee noch die Polizei, weder die Justiz noch die Bewährungshilfe etwas von seinem abartigen und schrecklichen Treiben bemerkt? Lediglich eine Nachbarin, Glenda Cleveland, die die Polizei zu Nachforschungen veranlassen wollte, hatte Verdacht geschöpft. Sie protestierte und bohrte nach, aber sie konnte niemanden zur Wachsamkeit veranlassen.

Am 22. Juli 1991, gegen Mitternacht, wurde Jeffrey Dahmer im Zimmer Nr. 213 der »Oxford Apartments« von Milwaukee festgenommen. Der rotblonde Mann mit blauem T-Shirt und schmuddeliger Jeans sollte einen 32jährigen Schwarzen, einen gewissen Tracy Edwards, mit einem Messer bedroht haben. Der Mann habe sich gerade noch aus der Wohnung retten können.

Bei der Durchsuchung der Wohnung machten die Ermittler einen grauenhaften Fund: Sie entdeckten Leichenteile im Kühlschrank, in der Gefriertruhe, in Schränken und in Kartons. Rasch wurde klar, daß man hier einen der entsetzlichsten Serienmörder der amerikanischen Kriminalgeschichte gefaßt hatte.

An der Wand neben einem Fenster stand ein blaues 200-Liter-Faß mit schwarzem Deckel. Dem Polizisten, der den Deckel öffnete, drang ein unerträglicher Gestank in die Nase. In das Faß hatte Dahmer geköpfte Torsi gestopft. In einem Metallkessel im Schrank fand man verweste Hände und Genitalien; daneben standen Säurefässer.

Über Dahmers Bett und in seinem Badezimmer hingen männliche Aktfotos. Einige pornographische Videofilme und eine Kassette mit dem Film »Der Exorzist« waren im Schlafzimmer verstreut, wo auch ein Fernseher und ein Videorecorder mit Fernbedienung standen. Außerdem besaß Dahmer einen Computer und auf dem Bett lag eine Polaroidkamera.

Ein Fototagebuch und zwei Schädel fand man im Computer-Pappkarton. Weitere Fotos konnten in der Schublade der Schlafzimmerkommode sowie auf dem Gefrierschrank in der Küche sichergestellt werden. Sie zeigten *»männliche Personen in verschiedenen Stadien chirurgischer Zerlegung«,* wie es in der klinischen Sprache des Berichts ausgedrückt worden war, den die Gerichtsmediziner verfaßt hatten. Anders ausgedrückt: Dahmer hatte die Menschen regelrecht geschlachtet.

Einige der nackten Männer auf den Fotos trugen Handfesseln ähnlich denen von Tracy Edwards. Ein Foto zeigte den 14jährigen Konerak Sinthasomphone, von dem lediglich noch der nackte Schädelknochen übriggeblieben war. Damals ahnte noch niemand, wie sein Tod die Polizei und die Stadt einmal bloßstellen würde. Es stellte sich nämlich schon bald heraus, daß die Streife, die den Jungen nackt und völlig benommen auf der Straße aufgelesen hatte, Dahmer gestattet hatte, ihn in seine Mordhöhle zurückzubringen. Niemand ahnte, daß es Koneraks Bruder war, der von Dahmer zuvor sexuell belästigt worden war.

Bei der Durchsuchung des Appartements stießen die Polizisten außerdem auf eine elektrische Kettensäge, Flaschen mit Äthylalkohol, Chloroform, Formaldehyd, Salzsäure und einen Behälter mit Lysol-Sprühdesinfektion. Es gab zudem rezeptpflichtige Fläschchen mit Lorazepam, einem Beruhigungsmittel, und mit Doxepin, einem Mittel gegen Depressionen – Medikamente, die Dahmer von den Strafvollzugsbehörden verschrieben worden waren.

Die einzigen Nahrungsmittel in der Wohnung waren – abgesehen von dem Herz eines Opfers und dessen Bizeps –

Kartoffelchips, Bier und ein Glas Senf. Auf einem Tisch fand man außerdem etwas Fischfutter. Einer der Einsatzkräfte entdeckte schließlich eines der wertvollsten Beweismittel: die Ausweise der unglücklichen Opfer. Nichts wurde übersehen. In der Polizeiarbeit konnte alles zum Beweisstück werden oder zum entscheidenden Steinchen zur Vollendung eines Mosaiks.

Die Polizei stellte in der Wohnung Überreste von insgesamt elf Leichen sicher. Dahmer mußte verhört und jede seiner Angaben überprüft werden. Dann galt es vor allem, die Toten zu identifizieren und ihre Familien zu benachrichtigen. Physische Beweisstücke mußten erfaßt, verzeichnet und bearbeitet werden. Die Ermittler suchten nach Zeugen, die Dahmer gekannt hatten, um Hinweise auf das Geschehen zu erhalten.

Den von der Polizei aufgezeichneten Angaben zufolge hatte Dahmer 17 Menschen umgebracht – allesamt männlich, allesamt Fremde. Der Täter gab an, seine Opfer mit Geldversprechungen in die Wohnung gelockt zu haben, wo er sie zwang, für Fotoaufnahmen Modell zu sitzen, Pornofilme mit ihm anzusehen oder Sex mit ihm zu haben. Dann habe er ihnen Drinks angeboten, die mit Schlafmitteln versetzt waren, sie stranguliert und anschließend zerstückelt, wobei ihm die Badewanne als eine Art Schlachttrog gedient habe. Einige Körperteile habe er durch die daneben stehende Toilette gespült, weiteres Fleisch wurde in dem 200-Liter-Säurefaß aufgelöst. Manchmal, so sagte er, hatte er mit seinen Opfern noch sexuellen Verkehr, bevor er sie umbrachte. Darüber hinaus gestand er, an vier Leichen sexuellen Mißbrauch begangen zu haben.

David Thomas war eines seltsamen Todes gestorben. Dahmer war zu dem Schluß gelangt, daß dieser Mann *»nicht sein Typ«* sei, dennoch habe er ihn ermordet. Er glaubte, der junge Mann könnte infolge seiner Betäubung so wütend werden, daß er die Polizei rufen würde. Dahmer ließ die Leiche spurlos verschwinden. Nichts als seine Worte wiesen darauf hin, daß sich der grausige Vorfall überhaupt abgespielt hatte.

Im Laufe der Zeit habe er damit begonnen, Schädel als *»Andenken«* aufzubewahren, die ihm in seiner Einsamkeit Gesellschaft leisten sollten. Er kochte sie in Kesseln auf dem Herd, bis er einen schaurigen Brei aus abgelöstem Fleisch erhielt. Einer der Schädel stammte von einem Mann, den Dahmer, wie er gestand, im Hause seiner Großmutter in West Allis, einem Vorort von Milwaukee, umgebracht hatte. Neben seinem früheren Zuhause und dem schmuddeligen Appartement war dies der dritte Schauplatz, an dem er seine Morde begangen hatte.

Die Nachbarn wollten im Grunde nichts Beunruhigendes bemerkt haben. Lediglich der infernalische Gestank war allen aufgefallen. *»Seit Wochen rochen wir hier irgend etwas, aber wir dachten, es wäre ein totes Tier oder etwas Ähnliches. Kein Mensch dachte an Leichen!«*, hieß es. Manche suchten hinter Herden und Kühlschränken nach toten Nagetieren. Andere gaben die Suche nach der Ursache auf und versuchten, den Geruch mit Räucherstäbchen oder Luftreinigungsgeräten zu beseitigen.*

Am Abend der grausigen Funde stand Tracy Edwards draußen in der Menge und beobachtete, wie die Polizei Fässer und Behälter heraustrug, die mit menschlichen Köpfen

---

* Der 31jährige Dahmer hatte sich schon bei früheren Gelegenheiten aus Schwierigkeiten herausreden können. Erst zwei Monate zuvor waren drei Polizisten in seinem Appartement aufgetaucht, ohne den geringsten Verdacht zu hegen. Dabei war er damals in Gesellschaft eines unglücklichen – aus Laos stammenden – Jungen angetroffen worden, den die Nachbarn nackt und mit blutendem Gesäß auf der Straße gesehen hatten.

und Körperteilen gefüllt waren. Mit jedem gräßlichen Einzelteil drang ein Stück Wahrheit an die Öffentlichkeit. Schlagartig wurde Edwards bewußt, daß er nur knapp dem Tod auf der Schlachtbank entronnen war. 17 andere hatten das nicht geschafft: elf Männer schwarzer Hautfarbe, ein Laote, ein Lateinamerikaner, ein Indianer und drei Weiße. Eines war ihnen allen gemeinsam gewesen: Sie hatten *»zur Verfügung gestanden«*. Und wegen ihrer Lebensführung war es bei den meisten nicht einmal aufgefallen, daß sie nicht mehr am Leben waren.

Dahmer wäre niemals so lange unerkannt geblieben, wenn er sich wie ein tobender Wahnsinniger gebärdet hätte. Er war 1,83 Meter groß, wog 84 Kilo und war von mittlerer Statur, mit rötlichen Haaren und braunen Augen. Sein harmloser Charme mochte Edwards veranlaßt haben, ihm in die Wohnung zu folgen. Doch dann mußte sicher eine Menge erklärt werden, was den Gestank anbelangte. Dahmer sagte, es läge am Abfluß und so kam Edwards mit – trotz des bizarren Geruchs.

Dann sollte ein Alptraum Wirklichkeit werden oder, wie Edwards es bezeichnete, *»ein vierstündiges Gastspiel in der Hölle«*. Edwards nippte an seinem Bier. Plötzlich fühlte er sich etwas taumelig. Er wollte aufspringen und wieder gehen. Aber während der 1,80 Meter große und rund 73 Kilo wiegende Edwards unruhig wurde, verwandelte sich Dahmer urplötzlich in eine andere Person: Die tiefliegenden Augen weiteten sich, sein Durchschnittsgesicht strahlte plötzlich Kraft aus und die Stimme nahm einen eiskalten Befehlston an.

Edwards saß auf dem Sofa und sah im Aquarium rechts von sich den Fischen zu, als Dahmer, wie aus dem Nichts, plötzlich Handschellen und ein Messer in der Hand hatte. Während er noch in der Hand seine Dose Bier hielt, schloß sich schon der kalte Stahl um sein linkes Handgelenk. An seiner Brust fühlte er die spitz zulaufende Messerklinge.

Dahmers Stimme klang, als käme sie vom Grunde eines Grabes. Er hatte die Situation völlig in der Hand. Er kündigte Edwards an, dessen Herz herauszuschneiden und es zu essen. Aber zuerst solle sich dieser ausziehen und für pornographische Fotos Modell sitzen.

Edwards überlegte verzweifelt, wie er aus dieser teuflischen Falle entfliehen konnte. Vor allem galt es, Zeit zu gewinnen. Schließlich entschloß er sich zu einem Angriff. Er landete einen unverhofften Karateschlag in Dahmers Gesicht und sprintete zur Tür. Noch bevor er sich durch die Türöffnung zwängen konnte, packte ihn Dahmer an den Handgelenken und bot ihm an, die Handschellen wieder abzunehmen, falls er wieder hereinkäme.

Edwards aber riß sich endgültig los und raste den Gang hinunter. Er spurtete aus dem Appartementgebäude hinaus und wandte sich nach links in die 25. Straße, wo ihn ein Passant mit Handschellen in Richtung Killbourn Street laufen sah. Der Spaziergänger winkte einen Polizisten heran. Mit ihm zusammen kehrte Edwards zu dem Gebäude zurück, wo der Mörder festgenommen wurde.

Am 18. Juni 1978, nur zwei Wochen nach seinem High School-Abschluß, beging Dahmer seinen ersten Mord. Damals trampte Stephen Mark Hicks von seiner Wohnung in Coventry, Ohio, zu einem Rockkonzert im nur 50 Kilometer entfernten Chippewa Lake Park. Hicks akzeptierte Dahmers Angebot, auf ein, zwei Bier mitzugehen, und so verbrachten die beiden einige Zeit, bevor Hicks unruhig wurde und sich zum Gehen anschickte. Die Gesellschaft eines Bekannten zu verlieren, auch wenn er diesen gerade erst kennengelernt hatte, war für Dahmer unerträglich.

Er fühlte sich von seinen Eltern im Stich gelassen, und er würde es nicht zulassen, daß ihn noch jemand verließ. In einem Anfall mörderischer Wut griff er nach einer Hantel und schlug Hicks damit auf den Kopf, anschließend begann er ihn mit der Hantelstange zu würgen. Das Todeskeuchen und der rasende Puls, den erst der Tod zum Stillstand brachte, hinterließen bleibenden Eindruck bei dem jungen Dahmer. Er hatte eine Mordmethode entdeckt, die er noch sechzehnmal wiederholen sollte.

In der von den Polizisten in seiner Gefängniszelle niedergeschriebenen Aussage gab Dahmer später an: *»Der Bursche wollte gehen, und ich wollte nicht, daß er ging.«* Wegen des schlichten Wunsches, nach Hause zu gehen, hatte Stephen Hicks also sterben müssen.

Dahmer zog die Leiche zum Eingang des Kriechkellers, eines umschlossenen Hohlraumes zwischen dem Fundament aus Zementblöcken und dem Muttergestein, auf dem das Haus der Dahmers errichtet worden war. Er benutzte ein Küchenmesser, um Hicks im Keller zu zerteilen, wobei er die Leichenteile in große Plastiktüten stopfte. Diese brachte er anschließend ins Auto, mit dem Vorsatz, sie in einer verlassenen Gegend wegzuwerfen. Im letzten Augenblick beschloß er jedoch, Hicks im Hinterhof neben einem Entwässerungsrohr zu vergraben. Das Graben in der steinigen, zerklüfteten Erde war harte Arbeit. Es gelang ihm lediglich, eine flache Grube auszuheben.

Weil er fürchtete, daß das Grab entdeckt werden könnte, löste er während der nächsten zwei Wochen nach und nach Haut, Muskeln und Gewebe seines Opfers ab. Dann nahm er einen Vorschlaghammer und schlug auf den Schädel, das Rückgrat, die Rippen sowie Arm- und Beinknochen ein. Er zerschmetterte den Körper in Hunderte von Einzelteilen, keines davon mehr als handtellergroß.

Als er damit fertig war, sammelte er die Bruchstücke und trug sie wieder nach draußen. Sich im Kreise drehend, verstreute er sie so, daß sie von der Erde aufgenommen wurden. Das Messer, mit dem er Hicks zerstückelt hatte, ließ Dahmer von einer Brücke der Bath Road in den Cuyahoga-Fluß fallen. Die Halskette seines Opfers warf er weg, wohingegen er die Brieftasche verbrannte.

Was war Jeffrey Dahmer für ein Mensch? Als ältester von zwei Söhnen aus einer gescheiterten Ehe wuchs er in einem gutbürgerlichen Vorort von Akron, Ohio, auf. 1982 zog er nach Milwaukee, wo er zunächst bei der Großmutter im Vorort West Allis lebte, bevor er sich eine eigene Wohnung in der Innenstadt mietete.

Eine Woche vor seiner Verhaftung verlor Dahmer seinen Arbeitsplatz. Es war nicht das erste Mal, daß er auf der Verliererseite des Lebens stand: Nach nur einem Semester hatte er das Studium an der Ohio State University 1978 aufgegeben. 1981 war er wegen übermäßigen Alkoholkonsums vorzeitig aus der Armee entlassen worden. Bis er am 15. Juli wegen extrem häufiger Abwesenheit gefeuert wurde, arbeitete Dahmer sechseinhalb Jahre in der als »Friedhofsschicht« bezeichneten Nachtschicht der Ambrosia Chocolate Co. Als Hilfsarbeiter verdiente er dort 8,25 Dollar die Stunde. Als einer von 380 Mitarbeitern gehörte er zu den Mischern in der Produktionsabteilung dieser beinahe hundert Jahre alten Firma, die süßes braunes Konfekt herstellte, welches dann von anderen Süßwarenherstellern zu Candy- und Schokoriegeln verarbeitet wurde. Der süße Duft des Kakaos, der aus der Schokoladenfabrik drang, stand in krassem Gegensatz zu dem Verwesungsgestank in seiner Wohnung.

Gegenüber seinen Arbeitskollegen wahrte Dahmer stets Distanz. Er gab nicht viel von seinem Privatleben preis, es interessierte sich auch niemand sonderlich dafür. Einige Arbeiter erinnerten sich jedoch später daran, daß er gelegentlich ausgemusterte Fässer nach Hause geschleppt hatte, *»um darin etwas aufzubewahren.«* Häufig ging er zu Fuß nach Hause oder nahm den Bus, denn ein Auto besaß er nicht. Ein Taxifahrer erinnerte sich daran, wie Dahmer das blaue 200-Liter-Faß im Taxi zu seinem Appartement transportieren ließ.

Dahmer behielt seine Arbeit auch dann noch, als er eine Strafe wegen sexueller Belästigung eines 13jährigen laotischen Jungen absitzen mußte. Im Januar 1989 wurde er der sexuellen Notzucht zweiten Grades und der Verführung eines Kindes zu unzüchtigen Handlungen für schuldig befunden und verurteilt. Die Verurteilungen häuften sich. Insgesamt resultierten sie in Gefängnisstrafen von fünf bzw. drei Jahren, die zu einer Gesamtstrafe zusammengezogen wurden, jedoch setzte der Richter das Urteil überwiegend zur Bewährung aus. Dahmer erhielt eine Strafe von einem Jahr im Rahmen eines Freigänger-Programms im städtischen Justizzentrum, so daß er nachts in der Schokoladenfabrik arbeiten und seine Strafe in einem Schlafsaal der untersten Sicherheitskategorie verbüßen konnte, wo er mit 80 bis 90 Männern zusammen untergebracht war. Selbst hier brauchte er wegen vorzeitiger Entlassung nur zehn Monate zu verbringen.

Damals konnte es noch niemand wissen, aber später würde er gestehen, schon vor dieser Verurteilung fünf Morde begangen zu haben. Nachdem er im März 1990 auf Bewährung entlassen worden war, nahm er seine grausige Gewohnheit sofort wieder auf.

Die Bewährungshelfer informierten sich auch über seine Eltern. Joyce Flint aus Chippewa Falls, Wisconsin, hatte Lionel Dahmer, einen Chemiestudenten an der Marquette

University, am 22. August 1959 in Milwaukee, West Allis, geheiratet. Zehn Monate später, am 21. Mai 1960, wurde Jeffrey Dahmer in Milwaukee geboren.

Die Familie sollte eine sorgenvolle Zeit durchmachen. 1961 erwarb Lionel den ersten akademischen Grad, 1962, in Marquette, den Magistergrad. Danach zog er mit seiner Familie um, er wollte an der Iowa State University in Chemie promovieren. 1966 ließ sich die Familie im Nordosten von Ohio nieder, in den Vororten westlich von Akron und südlich von Cleveland. Hier verbrachte Jeffrey seine Schulzeit, hier entwickelte er seine Vorliebe für Alkohol, hier erlebte er auch den Zank und Streit seiner Eltern mit und hier erhielt er seinen ersten Chemie-Experimentierkasten, den er an dem Fleisch von Tieren ausprobierte. Es war der Ort, an dem er sein Abschlußjahr der High School erlebte, am Schülerball teilnahm, graduierte und, wie er selbst sagte, erstmals einen Mann umbrachte.

Als Lionel 1966 eine Anstellung bei »PPG Industries« in Barberton bekam, war das für den jungen Dahmer ein großes Jahr. Er zog in ein neues Haus ein, besuchte die erste Klasse der Hazel-Harvey-Grundschule und bekam ein Brüderchen, David, das am 18. Dezember geboren wurde. Es gab Hinweise, daß Joyce Dahmers zweite Schwangerschaft schwierig verlaufen sein soll. Ein Lehrer notierte in einem Bericht über die erste Klasse, daß sich der sechsjährige Jeffrey in dieser Zeit von seiner kränklichen Mutter *»vernachlässigt«* fühlte. Eine unheilvolle Saat war gelegt worden.

Jeffrey schloß die erste Klasse in der Hazel-Harvey-Grundschule nicht ab. Die Familie zog um, und der Junge wurde einen Monat vor den Sommerferien an einer anderen Schule angemeldet. Ein Jahr später zog die Familie nochmals um, diesmal in ein Haus im Ranch-Stil in Bath Township, einer gutbürgerlichen Vorstadt.

Dahmer im Gerichtssaal.

Das Zuhause der Dahmers verfügte über einen Teich mit eigener Quelle und viele hübsche Dinge, wo Kinder spielen konnten, darunter einen Keller und einen Holzschuppen. 1977 reichte Lionel Dahmer nach achtzehn Ehejahren die Scheidung ein. In der beim Gericht von Summit County eingereichten Scheidungsklage warf er seiner Frau *»extreme Grausamkeit und grobe Pflichtvernachlässigung«* vor. Sie reichte eine Gegenklage ein, die ähnliche Vorwürfe enthielt. Die Ehe wurde offiziell am 24. Juli 1978 geschieden.

Im August zog Frau Dahmer mit ihrem Jüngsten nach Chippewa Falls, Wisconsin, zurück. Entsprechend einer eingereichten Klage ihres Ex-Mannes ging sie, wobei sie Jeffrey allein im Haus zurückließ und ihn anwies, niemandem etwas von ihrem Auszug zu erzählen. Das Zerwürfnis und die Erbitterung überdauerten die Ehe.

In einem der schaurigsten Prozesse der amerikanischen Rechtsprechung ist Jeffrey Dahmer seiner Taten für zurechnungsfähig und damit für schuldig erklärt worden. Nach fünfstündigen Beratungen gab die Jury in Milwaukee am 7. Februar 1992, einem Samstag, ihren Spruch bekannt.

Der 31jährige Dahmer hatte die Tötung und grausame Verstümmelung von 17 jungen Männern gestanden und nahm das Urteil mit versteinertem Gesichtsausdruck entgegen.

Das endgültige Urteil der Jury erging am 15. Februar 1992 und lautete auf *»schuldig des Mordes in wenigstens 15 Fällen«.** Dahmer wurde zu einer *»lebenslänglichen Haftstrafe«* verurteilt, die er in der Columbia Correctional Institution von Portage, Wisconsin, absitzen sollte.

Im August 1994 wurde er von Mithäftlingen in der Gefängniskapelle mit einer Rasierklinge angegriffen, was er mit viel Glück überlebte. Am 28. November 1994 wurde er jedoch beim Putzen der Gefängnistoiletten ein zweites Mal attackiert und diesmal mit einer Hantel erschlagen. Jeffrey Dahmers Hirn wurde der Wissenschaft zur Verfügung gestellt.

* Dahmers identifizierte Opfer: Steven Hicks, 19 (6. Juni 1978); Steven Tuomi, 27 (15. September 1987); James Doxtator, 14 (Januar 1988); Richard Guerrero, 25 (24. März 1988); Anthony Sears, 26 (25. März 1989); Eddie Smith, 36 (Juni 1990); Ricky Beeks, 27 (Juli 1990); Ernest Miller, 22 (September 1990); David Thomas, 23 (September 1990); Curtis Straughter, 19 (Februar 1991); Errol Lindsey, 19 (April 1991); Tony Hughes, 31 (24. Mai 1991); Konerak Sinthasomphone, 14 (27. Mai 1991); Matt Turner, 20 (30. Juni 1991); Jeremiah Weinberger, 23 (5. Juli 1991); Oliver Lacy, 23 (12. Juli 1991) und Joseph Bradehoft, 25 (19. Juli 1991).

DER KINDESMÖRDER VON ATLANTA

Der Fall Wayne Bertram Williams (1979–1981)

»Ich habe mit all diesen Morden nichts zu tun.«

Wayne Bertram Williams wurde am 27. Mai 1958 in Atlanta, im US-Bundesstaat Georgia, geboren. Die Eltern waren Lehrer. Wayne wuchs daher in einer gutbürgerlichen Umgebung auf. Der junge Mann betrieb von zu Hause aus einen Radiosender, der ihn rasch relativ berühmt machte. Er gab vor, ständig nach guten Nachwuchsmusiktalenten zu suchen, was ihm zu vielen Kontakten mit jungen Leuten verhalf, die sich von seinen Sendungen Erfolg erhofften. Bei seinen Freunden und Bekannten war Wayne allerdings nicht sonderlich beliebt. Er galt als Aufschneider und Wichtigtuer, der zudem unentwegt Lügengeschichten erzählte, die ihm kein Mensch glaubte.

Als eine Frau am 28. Juli 1979 leere Dosen und Flaschen sammelte, stolperte sie im Unterholz an einem Straßenrand buchstäblich über ein paar Leichen. Es handelte sich um den 14jährigen Edward Smith, der mit einem Revolver, Kaliber 22, erschossen worden war, und den 13jährigen Alfred Evans, vermutlich durch Erwürgen getötet.

Am 4. September 1979 verschwand der 14jährige Milton Harvey, der mit seinem Fahrrad unterwegs gewesen war. Der neunjährige Yussef Bell wurde am 9. Oktober 1979 zuletzt gesehen, als ihn seine Mutter zu einem Laden geschickt hatte. Auch er wurde erwürgt aufgefunden. Der zwölfjährige Angel Lenair wurde am 4. März 1980 vermißt gemeldet; sechs Tage später fand man ihn an einen Baum gefesselt und erwürgt. Am 11. März verschwanden Jeffrey Mathis (10) und am 18. Mai Eric Middlebrooks (14). Jeffrey war zum Einkaufen geschickt, Eric durch einen Telefonanruf aus dem Haus gelockt worden. Am schlimmsten entwickelte sich die Mordserie im Sommer desselben Jahres. Der Reihe nach verschwanden kleine Jungen: am 9. Juni Christopher Richardson (12), am 22. Juni Latonya Wilson (7), am 23. Juni Aaron Wyche (10), am 6. Juli Anthony Carter (9), am 30. Juli Earl Terell (11), am 20. August Clifford Jones (13) und am 14. September Darren Glass (10).

Und noch immer hörte die schreckliche Serie nicht auf: Am 9. Oktober 1980 verschwanden Charles Stephens (12), am 1. November Aaron Jackson (9), am 10. November Patrick Rogers (16), am 3. Januar 1981 Lubie Geter (14), am 22. Januar Terry Pue (15), am 6. Februar Patrick Baltazar (11), am 19. Februar Curtis Walker (15), am 2. März Joseph Bell (15) und am 13. März 1981 der 13jährige Timothy

Hill. Alle Kinder waren entweder in der unmittelbaren Nähe ihres Elternhauses, auf der Straße oder in öffentlichen Schwimmbädern zuletzt gesehen worden. Die meisten von ihnen waren, als man sie fand, entweder erwürgt oder erschlagen worden, gelegentlich sah es auch nach einem Unfall aus. Einige der Leichen wurden nie gefunden.

Im Mai 1981 wurde Williams beobachtet, wie er sich in seinem Auto von einer Stelle am Chattahoochee River entfernte, in den er offensichtlich gerade etwas hineingeworfen hatte. Streifenpolizisten hielten ihn an und nahmen seine Personalien auf. Williams gab an, daß er auf dem Weg zu einem Musiker sei und hinterließ auch dessen Adresse und Telefonnummer. Die Angaben stellten sich jedoch als falsch heraus.

Drei Tage danach wurde aus dem Fluß die nackte Leiche Nathaniel Caters, eines 27jährigen Mannes, geborgen, der als vermißt gemeldet worden war. Weil der Gerichtsmediziner *»mögliches Ersticken«* (vielleicht auch Erwürgen) als Todesursache festgestellt hatte, fiel der Verdacht sogleich auf Williams. Er wurde vorgeladen und einem Lügendetektortest unterzogen, den er nicht bestand. Zudem fand man an der Leiche Fasern, welche ganz eindeutig aus dem Haus, dem Auto und vom Hund des Verdächtigen stammten.

Nun wurde Williams mehrere Wochen lang systematisch überwacht. Der ließ sich aber keineswegs aus der Ruhe bringen, sondern machte sich im Gegenteil über die Polizisten lustig, ja er verspottete und beleidigte sie sogar.

Inzwischen war ein weiterer Mord begangen worden, diesmal an dem 29jährigen John Porter. Die Polizei begann zu ermitteln und erfuhr von Williams' Mitarbeitern im Sender, daß er mit Kratzern im Gesicht und an den Armen zur Arbeit gekommen sei, die er sich möglicherweise bei einer Auseinandersetzung zugezogen haben konnte. Williams

Wayne Williams beim Verhör.

leugnete jeglichen Zusammenhang mit den Verbrechen und beteuerte immer wieder: *»Ich habe mit all diesen Morden nichts zu tun.«* Dennoch wurde er am 21. Juni 1981 verhaftet. Am 6. Januar 1982 wurde das Strafverfahren unter dem Vorsitz von Richter Clarence Cooper, einem Schwarzafrikaner, eröffnet.

Im Verlauf des Prozesses warf man Williams vor, auch 29 afroamerikanische Kinder und Jugendliche umgebracht zu haben. Dabei stützte man sich vor allem auf Indizien, speziell auf 19 verschiedene Fasern, die allesamt aus seiner Umgebung stammten: der Bettdecke und dem Bad, dem Teppich, der Kleidung und dem Hund. Darüber hinaus fanden sich Zeugen, die Williams mit verschiedenen Opfern gesehen hatten. In seinem Auto wurden zudem zahlreiche Blutspuren entdeckt. Nicht verstummen wollten auch Gerüchte über Williams' Pädophilie. Ein 15jähriger erklärte, von Williams regelmäßig zwei Dollar erhalten zu haben, wenn er sich bereit erklärte, sein Genital zu streicheln.

Dennoch hatte die Anklagevertretung einen sehr schweren Stand. Am 27. Februar 1982 wurde der Angeklagte trotz allem – und zwar nach zehnstündiger Beratung – zumindest wegen der erwiesenen Morde an den beiden 27- und 29jährigen Männern für schuldig befunden. Das Urteil der Jury, die aus neun Frauen und drei Männern bestand, lautete auf zweimal lebenslängliche Haftstrafe.

Weil letztlich Zweifel an seiner Alleinschuld bestanden, wurde der Fall Williams im Jahre 2005 erneut aufgerollt. Neue Beweise, die für seine Entlastung gesprochen hätten, konnten aber nicht vorgelegt werden. Statt dessen wurden die Akten der rätselhaften Kindesmordfälle fragwürdig schnell wieder geschlossen.

DER AUTOBAHNMÖRDER

Der Fall William George Bonin (1979–1980)

»Ich konnte einfach nicht aufhören zu töten! Es ging von Mal zu Mal leichter.«

William George Bonin wurde am 8. Januar 1947 in Willimantic, Connecticut, geboren. Er war der zweite von drei Söhnen. Sein Vater war ein besessener Glücksspieler und Alkoholiker und seine Mutter Hausfrau. Sie betreute den hilfsbedürftigen Großvater, was sich auf den Jungen sicherlich negativ ausgewirkt haben dürfte – der Alte war ein ehemaliger Kinderschänder!

Bereits im Alter von acht Jahren wurde William wegen des Diebstahls von Autokennzeichen erstmals vor Gericht

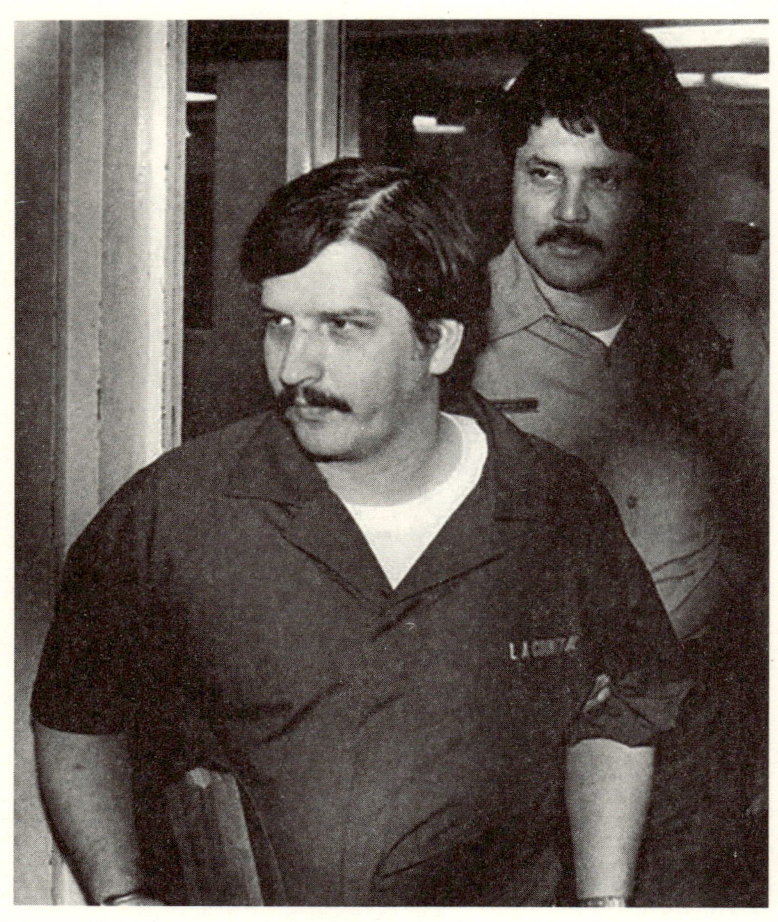

William Bonin im Gerichtssaal.

gestellt und in ein Jugendgefängnis gesteckt. Dort wurde er von älteren Jungen sexuell mißbraucht, was er seinerseits, als er wieder zu Hause war, ebenfalls mit anderen jüngeren Kindern machte.

Nach dem Schulabschluß ging er zur Luftwaffe und bekam eine Auszeichnung für einen Einsatz in Vietnam. Da er während dieser Zeit aber auch zwei Soldaten vergewaltigt hatte, wurde er im Oktober 1968 vom Dienst suspendiert. Im Alter von 21 Jahren entführte und vergewaltigte er mehrere Kinder und wurde deshalb in eine Klinik für psychisch Kranke eingewiesen. Schon im Mai 1974 kam Bonin wieder frei, denn die Ärzte waren der Ansicht, daß er geheilt sei.

Erneut vergewaltigte er zwei Jungen und kam ins Gefängnis, diesmal in San Luis Obispo, Kalifornien, wohin er gezogen war, nachdem seine nur kurz andauernde Ehe geschieden worden war. Nach der Entlassung fand Bonin einen Job als LKW-Fahrer und mietete sich erstmals eine eigene Wohnung.

1979 verstieß er gegen seine Bewährungsauflagen, weil er schon wieder einen kleinen Jungen mißbraucht hatte. Jetzt unterlief der Justiz ein Formfehler; Bonin wurde nicht einmal eingesperrt. Einem Freund gegenüber meinte er damals, daß er nicht beabsichtige, jemals wieder ins Gefängnis zu gehen. Von jetzt an würde er keine Augenzeugen mehr hinterlassen.

In der Folgezeit dürfte Bonins schreckliche Mordserie begonnen haben. Möglicherweise tötete er bereits im April 1979 in der Nähe von Laguna Beach zwei Jungen, doch nachgewiesen werden konnten ihm diese Verbrechen nicht. Den ersten bewiesenen Mord beging er am 28. Mai 1979 an dem 13jährigen Thomas Lundgren, der zuletzt in der Nähe seines Elternhauses in Reseda gesehen worden war. Bonin mißbrauchte und erwürgte ihn. Außerdem schnitt er dem Jungen den Penis ab. Bei dieser Tat war er übrigens nicht allein: Der 22jährige Vernon Butts wurde später verdächtigt, bei diesem und bei fünf weiteren Morden aktiv mitgeholfen zu haben.

Von jetzt an fuhr Bonin immer häufiger mit seinem Van im Bereich von Los Angeles herum auf der Suche nach potentiellen Opfern. Dabei hielt er gezielt Ausschau nach Anhaltern, Schuljungen oder Strichern, die er in sein Auto lockte. Dort überwältigte er sie, fesselte, mißbrauchte und quälte sie. Zum Schluß erwürgte er sie meistens mit den eigenen T-Shirts, gelegentlich erstach oder erschlug er sie auch. So tötete er im zweiten Halbjahr 1979 mindestens vier, möglicherweise aber sogar sieben Jungen. Am Neujahrstag 1980 tötete Bonin einen 16jährigen und am 3. Februar einen 15jährigen, in diesem Fall half ihm ein weiterer Komplize: der 18jährige Gregory Milley.

Nach diesem Mord soll er zu Milley gesagt haben: *»Ich bin immer noch geil, lass es uns doch noch einmal tun.«* Tatsächlich suchten sie ein weiteres Opfer für denselben Tag und fanden nur wenige Stunden später einen Zwölfjährigen, der nach Disneyland trampen wollte. Sie vergewaltigten und ermordeten ihn. Sie setzten die Mordserie zwischen März und Juni 1980 weiter fort. Beim letzten Mal war auch ein 18jähriger Wohnungsnachbar Bonins, ein gewisser James Michael Munro, dabei.

Als sich schließlich ein Opfer Bonins bei der Polizei meldete und wichtige brauchbare Aussagen zu Protokoll gab, wurde man auf dem Revier endlich stutzig. Die Nachforschungen über Bonin ergaben, daß dieser Mann ein ellenlanges Vorstrafenregister besaß und aufgrund seiner bisherigen Vita höchstwahrscheinlich der gesuchte Serienmörder war. Die Ermittler beobachteten Bonin daraufhin einige Wochen lang besonders intensiv, was sich schließlich auszahlte.

Am 11. Juni 1980 konnte der Verdächtige auf frischer Tat ertappt werden. Während der Untersuchungshaft gestand William Bonin dann insgesamt 21 Morde an Jungen und jungen Männern, die er allesamt entführt, vergewaltigt und getötet hatte. Die Ermittler gingen letztlich sogar von

36 Tötungsdelikten aus, konnten jedoch nur 16 eindeutig nachweisen.*

Bonin wurde auch der Morde an Mark Shelton, Robert Wirostek, John Doe, John Kilpatrick und Michael McDonald verdächtigt, doch diese konnten ihm nicht eindeutig nachgewiesen werden.

Der Häftling zeigte keinerlei Reue. Einem Reporter gegenüber sagte er: *»Ich konnte einfach nicht aufhören zu töten! Es ging von Mal zu Mal leichter.«* Am 5. Januar 1982 wurde Bonin schließlich wegen 16fachen Mordes zum Tode verurteilt. Alle Rechtsmittel gegen das Urteil waren abgelehnt worden, nachdem er insgesamt 14 Jahre in der Todeszelle verbracht hatte.

Am 23. Februar 1996 wurde das Urteil endlich vollstreckt: »Der Autobahnmörder« William Bonin wurde als erster Delinquent Kaliforniens im Gefängnis von San Quentin mit der Giftspritze hingerichtet. Selbst eine Stunde vor dem Vollstreckungstermin zeigte er noch immer keinerlei Reue.

Vernon Butts, der Hauptkomplize von Bonin, war wegen der Beteiligung an sechs Morden angeklagt worden, hatte sich aber bereits am 11. Januar 1981 in seiner Zelle erhängt. Gregory Milley wurde wegen Beteiligung an dem Mord vom Februar 1980 zu 25 Jahren Gefängnis, James Michael Munro wegen Beteiligung an dem Mord vom Juni 1980 zu 15 Jahren Gefängnis verurteilt.

---

* Nachstehend die Opfer des »Autobahnmörders«: Thomas Lundgren, 13 (28. Mai 1979); Markus Grabs, 17 (5. August 1979); Donald Hyden, 15 (27. August 1979); David Murillo, 17 (9. September 1979); Frank Dennis Fox, 17 (30. November 1979); Charles Miranda, 15 (3. Februar 1980); James Macabe, 12 (3. Februar 1980); Ronald Gatlin, 18 (14. März 1980); Glenn Barker, 14 (21. März 1980); Russell Rugh, 15 (21. März 1980); Harry Todd Turner, 15 (24. März 1980); Steven Wood, 16 (10. April 1980); Lawrence Sharp, 18 (10. April 1980); Darin Lee Kendrick, 19 (29. April 1980); Sean King, 14 (19. Mai 1980) und Steven Wells, 18 (2. Juni 1980).

DER GREEN RIVER KILLER

Der Fall Gary Ridgway
(1982–1998)

»Ich habe so viele Frauen umgebracht, daß ich sie nicht mehr auseinanderhalten kann.«

Gary Leon Ridgway wurde am 18. Februar 1949 in der Mormonenstadt Salt Lake City in Utah geboren. Er hatte noch einen Bruder (Tom) und eine Schwester (Mary). Der Vater arbeitete als Busfahrer, die sehr dominante Mutter war Hausfrau. Ridgways Beziehung zur Mutter war sehr eng. Da er bis in seine frühen Teenagerjahre Bettnässer war, wusch ihm die Mutter in den Fällen nächtlicher Inkontinenz die Genitalien, was einerseits dazu führte, daß der Junge sich von der Mutter sexuell angezogen fühlte, andererseits aber Wut ihr gegenüber aufbaute, die seine Phantasien beflügelte, sie umzubringen.

Hinzu kam, daß es ihn sehr störte, daß die Mutter sich in der Öffentlichkeit freizügig und ungeniert zeigte. Wenn der Vater ihn gelegentlich auf seinen Bustouren mitnahm und sie durch den sogenannten »Strip«, das Prostituiertenviertel, fuhren, schimpfte der Vater regelmäßig über diesen »Abschaum der Menschheit«, obwohl er selbst mit diesen Frauen verkehrte.

Als Gary elf Jahre alt war, zog die Familie nach Sea Tac, einem wachsenden Außenbezirk von Seattle, in der Nähe des Flughafens. Viele Menschen fühlten sich von dieser Gegend angezogen, denn die Preise für Immobilien lagen dort vielfach im Keller. Familie Ridgway wohnte in den McMicken Heights, einem Wohnviertel, durch das der Pacific Highway South verlief. Dieser war die Hauptverkehrslinie zwischen Seattle und Tacoma. An beiden Seiten der Straße lagen Billigunterkünfte und Bordelle, Spielsalons und Kneipen. Das Viertel war ein Anziehungspunkt für Prostituierte, Drogendealer und Kleinkriminelle.

Vermutlich mit 16 Jahren machte Ridgway seine ersten Erfahrungen mit Gewalt. Damals stach er einem Sechsjährigen mit einem Messer in die Hüfte, als dieser sich bückte, um etwas aufzuheben. Der Junge erklärte später, daß Ridgway zu ihm gesagt habe, er habe lediglich herausfinden wollen, wie es sich anfühle, wenn man einen Menschen töte. Ridgway soll nach diesem Stich lachend davongelaufen sein. Seltsamerweise wurde er für diese Tat nicht bestraft.

In der Schule hatte er Lernschwierigkeiten, mußte einige Klassen wiederholen und wurde als *»durchschnittlicher Schüler«* beschrieben. Gary rauchte, spielte im Football-Team und hielt gute Kontakte zu seinen Mitschülern. In dieser Zeit soll er auch erste Beziehungen zu Mädchen geknüpft haben.

Nach dem Schulabschluß fing der junge Mann als Maler und Lackierer zu arbeiten an, ging dann aber zur Marine, um dort seinen Militärdienst zu leisten. Aufgrund seiner Krankenakte ist davon auszugehen, daß er sich in dieser Zeit mit Tripper ansteckte, vermutlich weil er sich schon damals mit Prostituierten eingelassen hatte.

Während eines längeren Diensturlaubs heiratete Ridgway am 15. August 1970 Claudia Kraig Barrows, seine erste Frau, die er etwa ein Jahr vorher kennengelernt hatte. Das Paar zog nach San Diego, wo Ridgway stationiert war. Als er jedoch im Südpazifik eingesetzt wurde, mußte die junge Frau längere Zeit allein leben, was dazu führte, daß beide außereheliche Verhältnisse eingingen. Als Ridgway erfuhr, daß seine Frau ihn betrogen hatte, bezeichnete er sie als *»Nutte«* und zog sich immer mehr von ihr zurück. Bald darauf folgte die Scheidung.

Zwei Jahre später lernte Ridgway Marcia Winslow kennen und heiratete sie Ende des Jahres 1973. Das Paar bekam einen Sohn, Matthew, doch auch diese Ehe hielt nicht lange. Marcia Ridgway erzählte, daß sie von ihrem Mann lediglich als Sexobjekt und Haushälterin betrachtet worden sei. Sex sei sehr häufig am nahe gelegenen Green River ausgeübt worden.

In der Folgezeit steigerte sich Ridgway immer mehr in die Religion hinein. Er las die Bibel, schrieb sich in die Baptistenkirche und die Pfingstgemeinde ein und lief von Haus zu Haus, um die Leute »zu bekehren«. Seine Gewaltphantasien uferten indessen aus. Eines Tages, auf dem Rückweg von einer Party, würgte er seine Frau nahezu bis zur Bewußtlosigkeit, ohne daß ein Streit vorausgegangen war. Weil er fortan »Würgespiele« in den häuslichen Sex einzubinden versuchte, ließ sich seine Frau 1981 scheiden.

Wegen des gemeinsamen Sohnes wurde Gary ein Besuchsrecht zugesprochen; außerdem wurde er zu regelmäßigen

Unterhaltszahlungen verpflichtet. Später sagte er einmal: *»Ich hätte niemals eine weitere Frau umgebracht, wenn ich meine zweite Frau damals getötet hätte.«*

In der Tat brach Ridgway etwas mehr als ein Jahr danach das Tor zur Hölle auf; er war für eine der entsetzlichsten Mordserien in der Kriminalgeschichte der USA verantwortlich. Mindestens 49, möglicherweise jedoch bis zu 90 oder eventuell sogar noch mehr junge Mädchen und Frauen brachte er – den man später nur noch den »Green River Killer« nennen sollte – um.

Die meisten seiner Opfer waren nicht älter als 21, viele von ihnen gerade einmal 15 oder 16 Jahre alt und sehr oft von zu Hause ausgerissen. Sie träumten von dem schnellen Geld, das auf der Straße zu verdienen war: 20 Dollar kostete Oralsex, eine schnelle Nummer im Auto einen Fünfziger. Auf diese Weise konnte man auf dem Strich an einem einzigen Abend locker um die 300 Dollar verdienen. In der Realität sah das natürlich anders aus, denn den größten Teil der Einnahmen schnappten ihnen ihre »Beschützer«, also die Zuhälter, wieder weg. Was übrig blieb, ging für Drogen drauf, ohne die das armselige Leben nicht zu ertragen gewesen wäre.

In den frühen 80er Jahren verdingten sich annähernd tausend Prostituierte auf einem rund zehn Kilometer langen Straßenabschnitt. Das war der perfekte Jagdgrund für Gary Ridgway. In Verhören erklärte er: *»Die kennen einen ja nicht. Die wissen nicht, wer man ist und wie man heißt. Und die Polizei gibt sich keine große Mühe, wenn eine von denen verschwindet. Kapieren Sie? Und dann, wie die lebten! Die zogen ständig in der Gegend herum. Mal waren sie in der Stadt und dann in der nächsten. Immer woanders. Da wußte keiner so schnell, wo die jetzt untergebracht wurden.«*

So fuhr er mit dem Auto durch die Rotlichtbezirke von Seattle und Umgebung, unentwegt auf der Suche nach Huren, Drogensüchtigen und Aussteigerinnen, die er entweder in seinen Wagen einlud oder aber mit denen er entlang des Flusses günstig gelegene Plätze aufsuchte, um mit ihnen Sex zu haben. Danach tötete er sie; in einigen Fällen verging er sich an den Leichen.

Wenn er Frauen bei sich zu Hause umbrachte, dann war er nach der Tat eifrig bemüht, alle Spuren zu beseitigen: Bettlaken wurden sofort gewaschen, die Leichen verscharrte er in Wäldern, wo sie meistens erst Jahre später entdeckt wurden. Ein makabres Detail enthielt er den Mordermittlern später nicht vor: Wenn seine Opfer Schmuck besessen hatten, behielt er ihn zurück und verkaufte ihn mit Vorliebe auf Garagenflohmärkten. Dabei habe es ihn besonders amüsiert, wenn andere Frauen diese Stücke erwarben und trugen.

Am 15. Juli 1982 hatten spielende Kinder die Leiche der 16jährigen Ausreißerin Wendy Lee Coffield im Green River entdeckt. Das Mädchen war erwürgt worden. In der Folgezeit wurden im oder am Fluß weitere fünf Frauenleichen gefunden. Nun erst ging die Polizei von einem Serienmörder aus. Dave Reichert vom King County Sheriff Office leitete die Untersuchungen. Schnell stellte sich heraus, daß ein Mann als regelmäßiger Kunde auf dem Straßenstrich bekannt und im fraglichen Zeitraum viel unterwegs gewesen war: Gary Ridgway. Infolge einer Überprüfung seiner Kreditkartenabrechnungen fand man heraus, daß er einen enorm hohen Benzinverbrauch gehabt hatte. Ein weiterer Hinweis auf ihn ergab sich durch den Freund einer verschwundenen Prostituierten, der ausgesagt hatte, daß Ridgways Pick-up exakt das Fahrzeug gewesen sei, in das seine Freundin am Highway zuletzt eingestiegen sei. Doch Ridgway leugnete alles ab.

Nun wurde am 16. Januar 1984 eine Arbeitsgruppe gegründet – es war die größte seit der Fahndung nach Ted Bundy. Diesem Team gehörten zahlreiche namhafte Personen des Polizeidepartements von Seattle an, außerdem Vertreter des Pierce County Sheriff's Office, der Washington State Patrol, des FBI und der Generalstaatsanwaltschaft des Bundesstaates Washington. Sie alle bildeten die »Green River Task Force«.

Gut 20 Jahre lang versuchte das Ermittlerteam, Beweise gegen die letztlich mehr als 12.000 Verdächtigen zusammenzutragen, gefährdete Orte zu überwachen und alle möglichen Indizien von den Tatorten und Leichenfundorten auszuwerten. Im Lauf des Jahres 1983 waren neun, 1984 dreizehn, 1985 fünf, 1986 vier und in den Jahren danach weitere zwölf ermordete Frauen aufgefunden worden. Die Dunkelziffer wurde aber bereits damals als erheblich höher geschätzt.

Die Ermittlungen konzentrierten sich verstärkt auf Ridgway, den man deshalb zunächst einem Lügendetektortest unterzog. Er bestand ihn problemlos! Ende November 1984 gab eine Prostituierte vor der Polizei zu Protokoll, daß sie von Ridgway während eines Dates gewürgt worden sei, jedoch habe fliehen können. Der Verdächtige gab dies zu, behauptete jedoch, daß die Frau ihn in den Penis gebissen habe, während sie mit ihm Oralsex gehabt habe; dagegen habe er sich natürlich wehren müssen.

Gegen Ende des Jahres 1984 war sich die Polizei sicher, daß der unheimliche Mörder bereits (mindestens) 28 Opfer gefunden hatte. Weil die Arbeitsgruppe auch während der nächsten beiden Jahre keine Erfolge aufweisen konnte, rückte sie immer mehr in den Brennpunkt der Öffentlichkeit, die mit Kritik und Häme nicht sparte. Von dem Verdacht gegen Ridgway wurde zwar nicht abgerückt, doch fand man andererseits keine eindeutigen Beweise, um ihn festnehmen zu können.

In dieser Situation heiratete Gary Ridgway zum dritten Mal. Seine Auserwählte hieß Judith Mawson. Im gleichen Jahr wurde im Fernsehen ein zweistündiges Spezialprogramm über den »Green River Killer« ausgestrahlt; gleichzeitig wurden 100.000 US-Dollar auf seine Ergreifung ausgesetzt. Das Echo war groß: Noch während der Sendung gingen mehr als 4.000 Telefonanrufe ein, ein Erfolg blieb allerdings aus.

Die Arbeitsgruppe war inzwischen immer mehr geschrumpft; im Juli 1991 war nur noch ein Mann übriggeblieben, Tom Jensen. Trotz der immensen Ausgaben von mehr als 15 Millionen US-Dollar, des Einsatzes eines sündhaft teuren Computers, der an die 200.000 Dollar gekostet hatte, und trotz der vielen tausend Verdächtigen war der Mörder nicht gefunden worden. Die Aufzeichnungen, Vermerke und Protokolle füllten mehr als 750 Ringordner in den Regalen. Die Polizei vermutete, daß der Verbrecher eventuell irgendwo im Gefängnis sitzen, gestorben oder vielleicht verzogen sein könnte.

Da wurden am 2. November 1999 die Überreste eines Opfers, das 1986 in der Nähe des Green River gefunden worden war, als die der 19jährigen Tracy Winston identifiziert. Das Mädchen war 1983 (!) aus einem Einkaufszentrum in Seattle verschwunden. Das Kriminallabor des Bundesstaates Washington führte im März des Jahres 2001 erstmals neuartige DNA-Tests durch, um eventuell auf diese Weise Hinweise auf den Mörder zu finden. Und tatsächlich wurde etwa ein halbes Jahr später bekannt, daß auf insgesamt vier der frühen Opfer DNA-Spuren gefunden worden waren, die mit einer Speichelprobe Ridgways aus dem Jahr 1987 (!) übereinstimmten. Es handelte sich um

Marcia Chapman, Cynthia Hinds, Opal Mills und Carol Christensen.

Jetzt konnte Ridgway endlich verhaftet werden. Am 15. Dezember 2001 stellte Sheriff Dave Reichert insgesamt elf Männer dazu ab, entscheidende Beweise gegen Gary Ridgway zu sammeln. Bereits im März 2003 beschuldigte man ihn auch der Morde an Wendy Lee Coffield, Debra Bonner und Debra Estes, weil mikroskopische Farbpartikel auf den Kleidern der Frauen eindeutig mit ihm in Verbindung gebracht werden konnten. Trotz dieser Beweisführung stritt Ridgway die Taten ab. Dabei standen ihm seine Ehefrau zur Seite, desgleichen seine Familie und viele Nachbarn, die keinesfalls glauben wollten, daß er der gesuchte »Green River Killer« sein sollte.

Als sich die Schlinge um seinen Hals immer weiter zuzog, beschloß Ridgway endlich, mit der Polizei zu kooperieren. Er legte erste Geständnisse ab und führte die Ermittler zu Tatorten und Leichen, um auf diese Weise einer drohenden Todesstrafe zu entgehen. So wurden zwischen August und September 2003 die Überreste der 16jährigen Pammy Avent und der 17jährigen April Buttram gefunden; beide Mädchen waren im Jahr 1983 verschwunden und ermordet worden. Im Oktober 2003 gestand Ridgway auch zwei Morde, die man bislang nicht mit ihm in Verbindung gebracht hatte: die an Patricia Yellow Robe 1990 und an Marta Reeves 1998.

Schließlich schloß der Verbrecher mit der Staatsanwaltschaft einen Deal. Dabei wurde ihm bei einem umfassenden Geständnis in Aussicht gestellt, daß die Todesstrafe nicht verhängt würde – soweit es sich um Morde handle, die im Bereich des King County begangen worden seien. Sollten ihm jedoch Morde in anderen Bezirken nachgewiesen werden, würde er mit einem neuen Verfahren rechnen müssen.

Bis zum November 2003 gestand Gary Ridgway insgesamt 48 Morde, für die ihn das King County-Oberlandesgericht schließlich zu 48mal *»lebenslänglicher Haft«* – ohne jegliche Aussicht auf Bewährung – verurteilte. Er verbüßt sie in der Justizvollzugsanstalt des Staates Washington in Walla Walla. Als er verschiedenen Angehörigen seiner Opfer im Gerichtssaal begegnete, zeigte er keinerlei Reue oder Mitgefühl. Lediglich einmal brach er in Tränen aus, als der Vater eines seiner Opfer ihm explizit und von Angesicht zu Angesicht vergab.

Das Verfahren hatte acht Jahre nach diesen Geständnissen, im Februar 2011, noch ein Nachspiel. Ganz unvermittelt gestand Ridgway der Polizei auch noch den Mord an Rebecca Morrero, den er bereits im Jahr 1982 begangen hatte. Die Überreste der Frau waren kurz vor Weihnachten 2010 von spielenden Kindern im Wald gefunden worden.

Wie viele andere Serienmörder wirkte auch Ridgway stets harmlos. Für die Frauen war er ein Freier unter vielen gewesen, ein Mann, zu dem sie Vertrauen gefaßt hatten. Im Zuge des Entscheids um das Sorgerecht für seinen Sohn verbrachte der Junge jedes zweite Wochenende in der Wohnung seines Vaters. Der hatte ihm ein eigenes Zimmer eingerichtet, das er gern auch beiläufig seinen »Besucherinnen« zeigte, um ihnen ein Gefühl von Sicherheit zu geben.

Seinen Zynismus hatte er zudem dadurch auf die Spitze getrieben, daß er – wenn Matthew gleichzeitig im Auto saß – mit einer Prostituierten in den Wald fuhr, mit ihr »zu einem Spaziergang« verschwand, aber ohne sie zurückkehrte. Wenn dann der Sohn nach der Frau fragte, sagte er, daß sie alleine nach Hause gegangen sei.

Ridgway hatte keinen besonderen Frauentyp bevorzugt. Später erklärte er einmal: *»Ich habe so viele Frauen umgebracht, daß ich sie nicht mehr auseinanderhalten kann.«*

Ridgway vor Gericht.

Die meisten Morde sollen zwischen 1982 und 1984 begangen worden sein, nach diesem Zeitpunkt sei noch etwa ein halbes Dutzend hinzugekommen. Als Begründung führte der Mörder seine dritte Ehefrau an. Sie habe alles verändert, denn seit er bei ihr eingezogen sei, hätten sie nahezu die gesamte Freizeit miteinander verbracht.

Nicht alle Kriminalisten glaubten ihm das. Allein im Bundesstaat Washington gab es seit dem Jahr 1985 151 ungelöste Mordfälle, die allesamt Ähnlichkeiten mit der Green River-Serie aufwiesen. Darüber hinaus gab es ungeklärte Mordserien in Tacoma (Washington), Portland (Oregon), San Diego (Kalifornien) und Vancouver (Kanada). Sie alle waren mehr oder weniger nach dem gleichen Muster abgelaufen.

Nur Ridgway selbst könnte hier Klarheit schaffen, doch der schwieg und schweigt in dieser Hinsicht eisern. Oder aber er machte Aussagen, die sich fast nie richtig überprüfen ließen. Darüber hinaus erinnerte er sich kaum an die Namen seiner Opfer. Es bleibt bis dato unklar, ob er sich nicht entsinnen konnte oder wollte.

Auch Bob Keppel*, der in den 80er Jahren bei der »Green River Task Force« mitgearbeitet hat, ist davon überzeugt, daß Ridgway für weitaus mehr Morde verantwortlich ist. *»Die Medien haben sich diese Zahl von 48 oder 49 Opfern zusammengereimt und in die Welt hinausgetragen. Wenn man von den 48 eingestandenen Morden ausgeht, dann hat Ridgway ja nur innerhalb von zwei Jahren gemordet – abgesehen von den wenigen späteren Opfern. Mit Verlaub, aber das widerspricht jeder kriminalistischen Erfahrung, die wir in der Vergangenheit gesammelt haben. Nach Portland, Vancouver und Spokane ist es von Seattle aus ein Katzensprung. Seit 1984 sind dort noch rund hundert Fälle ungeklärt. Alle im Prostituiertenmilieu. Alle mit dem gleichen Tatschema. Denken Sie sich Ihren eigenen Teil.«*

Natürlich haben sich auch die Medien dieses schauerlichen Stoffes angenommen. So entstand im Jahr 2004 in den USA der Spielfilm *The Riverman,* der die Ermittlungen darstellt, die letztlich zur Ergreifung des Serienmörders geführt hatten. Die Hauptrolle spielte David Brown. Ein Jahr später drehte der deutsche Regisseur Ulli Lommel den Film *Green River Killer* und im Jahr 2007 entstand in den USA die Fernsehdokumentation *Chasing the Devil* (mit deutschem Titel: *Green River: Die Spur des Killers*) von Norma Bailey.

---

* Vgl. Kapitel *Der Campus-Killer.* Der Fall Ted Bundy 1974–1978.

DER TODESENGEL VON ALABAMA

Der Fall Joseph Dewey Akin (1990–1992)

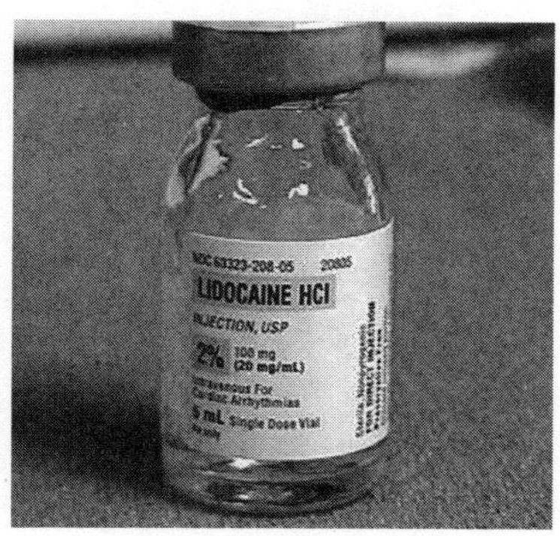

Joseph Dewey Akin war ein sogenannter »Todesengel«. So nennt man in der Kriminalgeschichte diejenigen Täter, die im Zusammenhang mit ihrer beruflichen Tätigkeit an Krankenanstalten zu Serienmördern werden – sei es aus niedrigen Beweggründen, um sich an den Opfern zu bereichern, oder aber bedingt durch Streßsymptome und schlichter Überforderung. In wenigen Einzelfällen mag auch Mitleid eine Rolle bei der selbstherrlichen Tötung spielen. Solche Fälle sind äußerst schwer aufzuklären, denn fast immer sind Täter und Opfer die einzigen Zeugen. Wenn die Patienten noch dazu schwer krank sind, wird beim Eintritt des Todesfalles natürlich fast immer primär eine natürliche Todesursache vermutet.

Der zuletzt am Cooper Green Hospital in Birmingham/Alabama, im US-Bundesstaat Georgia, arbeitende Krankenpfleger Joseph Dewey Akin tötete zwischen 1990 und 1992 mindestens 18, aller Wahrscheinlichkeit nach aber weit mehr Menschen, die seiner Obhut anvertraut waren. Das eigentliche Tatmotiv konnte nicht zweifelsfrei geklärt werden.

Als er seinem letzten Opfer, dem 32jährigen Querschnittsgelähmten Robert J. Price, im September 1992 eine tödliche Dosis des Schmerzmittels Lidocain verabreichte, wurde er festgenommen. Nach intensiven Ermittlungen der Polizei erhärtete sich der Verdacht, daß Akin möglicherweise sogar für mehr als hundert Todesfälle verantwortlich sein könnte, weil er im Lauf der letzten zehn Jahre in mindestens zwanzig verschiedenen Krankenhäusern gearbeitet hatte.

Akin wurde 1956 im ländlichen Süden der USA geboren. Der Vater betrieb dort eine Tankstelle, die Mutter arbeitete im familieneigenen Restaurant. Als einziges Kind erfuhr Joseph (Joe) Dewey eine optimale Schulausbildung, trat als junger Mann verschiedenen Vereinen bei und spielte zwei Musikinstrumente.

Nach erfolgreichem Schulabschluß ließ er sich zum Krankenpfleger auf Intensivstationen von Krankenhäusern ausbilden. Zu seiner Homosexualität bekannte er sich ganz offen. Akin war ein Perfektionist und prahlte schon sehr bald mit seinen Fähigkeiten, insbesondere im Zusammenhang mit den sogenannten »Code blue emergencies«, also medizinischen Notfällen, die stets von Ärzteteams bearbeitet wurden und leider häufig zu Herzstillständen der Patienten führten. Akin fühlte sich in diesen Fällen als eine Art »Held« und genoß es sichtlich, wenn er nach erfolgreichen Einsätzen bewundert wurde.

Während es im Zeitraum eines halben Jahres im Normalfall etwa 20 solcher Einsätze gibt, kam es im Jahr 1990 an Akins letzter Arbeitsstelle zu 32 (!) Notfällen dieser Art. Das war eine überdurchschnittlich hohe Rate. Sie mußte die Krankenhausleitung zwangsläufig mißtrauisch machen.

Überdies war den Kollegen aufgefallen, daß gefährliche Herzmedikamente, etwa Schmerzmittel, in größeren Mengen abhandengekommen waren. In dem Fall, der zu Akins Festnahme geführt hatte, fand sich im Körper des Opfers die zweifache letale Dosis von Lidocain – und die vierfache der üblichen therapeutischen Dosis, was dem Staatsanwalt Anlaß genug bot, um von vorsätzlichem Mord auszugehen.

Im bald darauf anberaumten Prozeß sagte die dem Patienten Price offiziell zugewiesene Pflegerin Marion Albright aus, daß sie bei ihrer Rückkehr aus der Mittagspause gesehen habe, wie Akin das Krankenzimmer verlassen habe. Als sie versucht habe, selbst nach dem Rechten zu sehen, habe sie Akin massiv daran gehindert, das Zimmer zu betreten.

Akins Verteidiger führte den Herzstillstand jedoch auf einen blockierten Belüftungsschlauch zurück und behauptete, daß die unverhältnismäßig große Menge an Lidocain auf den Einsatz des Ärzteteams zurückzuführen gewesen sei, weil Reanimationsmaßnahmen durchgeführt worden seien. Außerdem wies der Verteidiger auf verschiedene Widersprüche bei Zeugenaussagen und Unstimmigkeiten in den Krankenhausunterlagen hin. Er behauptete auch, daß Price das Lidocain wahrscheinlich selbst angefordert habe. Falls nicht, so sei dies zu Unrecht in Rechnung gestellt worden.

Das Strafverfahren gestaltete sich als äußerst schwierig, zumal das Ganze auf einen reinen Indizienprozeß hinauslief. Obwohl das Gericht Akin für mindestens 18 Morde verantwortlich zu machen versuchte, reichte es letztlich nur zu einem Urteil auf *»fünfzehn Jahre Gefängnis«* wegen des *»Totschlags an Robert J. Price«*, zu dem sich der Angeklagte im September 1992 – auf Anraten seiner Verteidigung – selbst bekannt hatte. Akin wurde aber schon bald infolge der doch recht »schieflastigen« Verurteilung wieder auf Bewährung in die Freiheit entlassen.

QUELLEN UND LITERATUR

DAS HOTEL DES GRAUENS

Harold Schechter: *Depraved: The Definitive True Story of H.H. Holmes*. Chicago 2008; Eric Larson: *Der Teufel von Chicago*. Frankfurt 2005.

DER BLAUBART VON ILLINOIS

A. I. Schutzer: *The Lady-Killer*. In: *American Heritage* vom Oktober 1964; Erich Hickey (Hrsg.): *Encyclopedia of Murder and Violent Crime*. London 2003.

BESTIEN IN MENSCHENGESTALT

Felice Gianini: *Los crímenes sexuales*. Barcelona 1975.

DER FRAUENHASSER VON NEVADA

Charlotte Greig: *Evil Serial Killers*. In: *The Mind of Monsters*. New York 2005; Michael Newton: *Carroll Cole. Murder in Dallas*. In: *Crime Library* (o. O./o. J.).

DER AMOKLÄUFER VON NEBRASKA

The Rebel Killer. In: *Murder Casebook*, No. 38. London 1990; William Allen: *Starkweather: Inside the Mind of a Teenage Killer*. Cincinnati 2004; Jeff O'Donnell: *Starkweather: A Story of Mass Murder On The Great Plains*. Open Library 1993; Michael Newton: *Waste Land: The Savage Odyssey of Charles Starkweather and Caril Ann Fugate*. New York 1998.

DER KILLER DER EINSAMEN HERZEN

Joseph Geringer: *Harvey Murray Glatman: First of the Signature Killers.* In: *Crime Library* (o. O./o. J.); Michael Newton: *Rope.* New York 1998; Robert D. Keppel/William J. Birnes: *Signature Killers.* New York 1997; Stephen G. Michaud/Roy Hazelwood: *The Evil That Men Do.* New York 1998; *Sex Fiends: Harvey Murray Glatman and Jerry Brudos.* In: *Murder Casebook,* No. 74. London 1991.

MORD AUS NERVENKITZEL

Maria Bovsun: *Jersey Shore Thrill Killer Richard Biegenwald Accused of Killing 5 in Early 80s.* In: *NYDailynews.com* vom 31. Oktober 2001; Peter und Julia Murakami: *Lexikon der Serienmörder.* München 2001.

TODESSCHÜSSE AN DER UNIVERSITÄT

Abendzeitung München vom 3. August 1966.

DER MÜLLSACKMÖRDER VON LOS ANGELES

Sam Gnerre: *Patrick Wayne Kearney, The Trash Bag Murderer.* In: *South Bay Daily Breeze* vom 22. November 2014; Brian Clowes: *Homosexual Practices: Self-Loathing In Action.* In: Pro-Life Activist's Encyclopedia, Chapter 120, 1997; Tony Stewart: *The Trash Bag Murderer,* POD (lulu.com), Raleigh (N-Carolina) 2010.

DER LUSTMÖRDER VON OREGON

Ann Rule: *Lust Killer.* New York 1983; Katherine Ramsland: *The Fetish Killer.* In: *Crime Library* (o. O./o. J.); *Sex Fiends: Harvey Murray Glatman and Jerry Brudos.* In: *Murder Casebook,* No. 74, London 1991.

DAS MASSAKER AM CIELO DRIVE

Vincent Bugliosi: *The Manson Murders*. Los Angeles (o. J.); Nuel Emmons: *Manson with his own words*. (o. O.) 1987; Felice Gianini: *Muerte de Sharon Tate y sus amigos*. In: *Los crímenes sexuales*. Barcelona 1975.

DER IRRE VON SANTA CRUZ

Peter und Julia Murakami: *Lexikon der Serienmörder*. München 2003; Peter Vronsky: *Serial Killers: The Method and Madness of Monsters*. New York 2004.

POGO DER KILLER-CLOWN

René von Armagnac: *John Wayne Gacy*. In: *Serienkiller.de* vom August 2014; Clifford L. Lindecker: *The Man Who Killed Boys*. Google-Books 2013; Joseph Kozenczak/M. Karen: *The Chicago Killer. The Hunt for Serial Killer John Wayne Gacy*. XLibris, Bloomington (USA) 2010.

DER CAMPUS-KILLER

Stephen Michaud/Hugh Aynesworth: *Ted Bundy: Conversations with a Killer (The Death Row Interviews/Interviews in der Todeszelle)*. Milleswood/Texas (USA) 2000; Richard Larsen: *Ted Bundy, a Deliberate Stranger*. Prentice Hall Trade 1980; *The College Girl Killings: Ted Bundy*. In: *Murder Casebook*, No. 8. London 1989; Ann Rule: *The Stranger Beside Me*. New York 2000.

DAS MONSTER VON MILWAUKEE

Robert J. Dvorchak/Lisa Holewa: *Wer ist Jeffrey Dahmer? Das schockierende Porträt des Milwaukee-Mörders*. Bergisch Gladbach 1992; Don Davis: *Jeffrey Dahmer*. München 1992; Brian Masters: *The Shrine of Jeffrey Dahmer*. London 1993; Hans Pfeiffer: *Der Zwang zur Serie*. Leipzig 1996.

DER KINDESMÖRDER VON ATLANTA
Reynolds Holding: *Death of Serial Killer*. In: *San Francisco Chronicle* vom 17. Februar 1996; *Serial Killers. Part 5: Wayne Williams and the Atlanta Child Murders*. In: *FBI* vom 7. Februar 2014; Marilyn Bardsley/Rachael Bell: *Wayne Williams and the Atlanta Child Murders*. In: *Crime Library*. (o. O./o. J.); *Wayne Williams*. In: *Criminal Minds Wiki*. (o. J.).

DER AUTOBAHNMÖRDER
William Bonin: *Doing Time. Stories from the Mind of a Death Row Prisoner*. Red Bluff (California) 1991; *Freeway Killer Bonin Convicted for 10 Killings: Awaits Sentencing*. In: *The Daily Record* (UPI) vom 7. Januar 1982.

DER GREEN RIVER KILLER
Dave Reichert: *Chasing the Devil: My Twenty-Year Quest to Capture the Green River Killer*. New York 2004; *Serienkiller gesteht 49. Mord*. In: *STERN* vom 19. Februar 2011; Jeff Jensen: *Green River Killer: Die wahre Geschichte eines Serienmörders*. Hamburg 2014; Richard Deis: *Todesmeile: Serienmörder Gary Ridgway. Die Jagd nach dem Green River Killer*. (o. O.) 2013.

DER TODESENGEL VON ALABAMA
Code Blue Junkie. In: *Crime Library*. (o. O./o. J.); *Male Nurse Charged in Alabama Death*. In: *Chicago Tribune* vom 22. August 1991; *Joseph Dewey Akin, Blue Junkie Killer*. In: *Topic Mixer* vom 24. April 2013.

KIRCHSCHLAGER

Seit 1995 im Dienste des True Crime

IMPRESSUM

1. Auflage Arnstadt 2015

Satz: Nicole Laka, Hamburg
Lektorat: Janine Kaitzl, München
Druck und Bindung: PBtisk s. r. o., Příbram

ISBN 978-3-934277-57-1